Infancia en positivo

*Guía definitiva para padres y madres
en la educación de sus hijos*

DIANA CRISTINA JIMÉNEZ CARRETERO

Infancia en positivo

Guía definitiva para padres y madres en la educación de sus hijos

TOROMÍTICO

© Diana Cristina Jiménez Carretero, 2020
© de las ilustraciones: Miguel Jiménez, 2020

Primera edición: noviembre de 2020

EDICIONES TOROMÍTICO • PADRES Y EDUCADORES
Director editorial: ÓSCAR CÓRDOBA
Edición de EMMA NOGUEIRO
Corrección y maquetación: REBECA RUEDA
Diseño de la cubierta: ÓSCAR CÓRDOBA, con la colaboración de RAFAEL DÍAZ (@papaenpositivo)

Imprime: Gráficas La Paz
ISBN: 978-84-15943-91-4
Depósito Legal: CO-1029-2020
Hecho e impreso en España - *Made and printed in Spain*

Índice

Agradecimientos.. 11

1. PRÓLOGO DE PATRICIA RAMÍREZ & MARISA MOYA............. 13

2. INTRODUCCIÓN 17

3. EL PORQUÉ DE ESTE LIBRO.. 21

4. LO QUE DICEN LOS EXPERTOS 23

5. POR QUÉ LOS NIÑOS HACEN LO QUE HACEN 41

6. RETOS DE UNA EDUCACIÓN RESPETUOSA 71

    ALIMENTACIÓN. ¿Por qué todo es un problema para comer?........ 73

    ADOLESCENCIA. Adolescentes en casa… ¿Me voy yo? 80

    AMIGOS que no me gustan para mi hijo 88

    AUTOESTIMA. Si se valorara un poquito más… 93

    BAÑO. ¡Vamos a la ducha! ¿Por qué no te bañas? 99

    CELOS. ¡Tiene unos celos que ya no sé qué hacer! 102

    CONTROL DE ESFÍNTERES. Deja el pañal, que ya no eres un bebé...111

    DIENTES. Si no te lavas los dientes, te saldrán caries 117

    DEBERES. Una lucha constante.. 123

    EMOCIONES. ¿Por qué son importantes? 129

    FRUSTRACIÓN. La vida te va a frustrar… Cuanto antes empieces,
        mejor 135

    INSULTOS. ¡A mí no me hables así!... 139

    LLANTO. ¡Pide las cosas sin lloriquear! 145

    MENTIRAS. ¡Lo sabía! ¡Eres un mentiroso! 151

    MIEDOS. ¡Que los monstruos no existen! 157

No es no. Pero ¿por qué dice a todo que no? 165

Nuevas tecnologías. Móviles, *tablets* y otros artilugios del mal ...173

Rivalidad entre hermanos. Dicen que los hermanos se quieren…
¡Los míos pelean todo el tiempo! 181

Rabietas. Tiene muchas rabietas… ¿Qué hago? ¿Me divorcio?... 186

Sueño. ¡Venga, a dormir, que quiero vivir! 192

Tareas del hogar. Aquí colaboramos todos 198

7. ¿Y CÓMO HAGO PARA CONTROLARME YO? 209

8. Y POR ÚLTIMO, TÚ: PONTE EN PRIMER LUGAR.................... 213

Bibliografía...219

Glosario.. 221

*A mi madre, que, sin saberlo, inspiró todos mis pasos
por el camino de la maternidad. Te quiero, mamá.*

A Rafa, mi marido, padre, amigo y apoyo incondicional.

*A Hugo, Alonso y Rubén. Sin vosotros, nada de esto
habría sido posible. Os quiero mucho.*

Agradecimientos

Este es mi primer libro, y no podría empezarlo sin dar las gracias a todas aquellas personas que, sin saberlo, son parte de este proyecto personal y que han colaborado activamente en el resultado final, haciendo que sea posible que hoy tú lo tengas entre tus manos.

Entre estas personas, se hallan profesionales que han sido tan generosos de aportar unas palabras y sus conocimientos a este libro, a los que he reservado la sección de «Lo que dicen los expertos». Porque los admiro y les agradezco su dedicación y entrega a la infancia y adolescencia, y sobre todo que hayan aceptado mi propuesta para dejar unas reflexiones para el libro. Gracias a Anabella Shaked, mi profesora del Máster de Counseling Adleriano y supervisora de sesiones, y gran apoyo en todo momento. A mi mentora y luz en el camino de la disciplina positiva, Marisa Moya, que no podía faltar en mi primer libro. A compañeras como Elisa Molina y Yolanda Cuevas, que son fuente de inspiración y de respeto. A profesionales como José Ramón Gamo y Rafael Guerrero, que entienden que la neuroeducación y el apego en la infancia son el motor e impulso de todo. Y gracias a Emma, de la editorial Almuzara, por confiar en mí y animarme a escribir este libro. También agradezco profunda y especialmente a Patricia Ramírez Loeffler por decirme sí a escribir el prólogo, ella sabe que la admiro y agradezco mucho su apoyo y acompañamiento. Gente de bien de la que uno nunca deja de aprender.

Las ilustraciones del libro son también muy especiales para mí porque están realizadas por mi primo, Miguel Jiménez, gran dibujante y mejor persona.

Y no quiero concluir los agradecimientos sin reconocer que me dejo a muchas y muy grandes personas que me han servido de inspiración, que me acompañan en el camino y que están ahí siempre que las necesito.

Mi familia, mi pilar, y sin los que nada de esto tendría sentido. Gracias por permitirme ser y darme a los demás, aun sabiendo que todo ese tiempo dedicado a otros os lo estaba quitando a vosotros. Para mí, el mayor acto de generosidad y amor.

Y antes de que te adentres en el libro, te dejo una de mis dedicatorias favoritas. Este libro está escrito para ti y por ti:

«Ojalá el lector pueda gozar de los dos presentes más valiosos: de alguien a quien amar y de alguien que lo ame».

DIANA C. JIMÉNEZ
(@infanciaenpositivo)

1.
PRÓLOGO

PATRICIA RAMÍREZ & MARISA MOYA

PATRICIA RAMÍREZ LOEFFLER

Licenciada en Psicología, máster en Psicología Clínica y de la Salud y doctorado en el Departamento de Personalidad, Evaluación y Tratamiento Psicológico de la Universidad de Granada (www.patripsicologa.com – @patri_psicologa).

Querida Diana, lo primero es agradecerte tu agradecimiento y tener este espacio para el prólogo. Me fascinan la infancia, la educación; me fascinan los niños y, sobre todo, los adolescentes. Pero más me fascina el interés de tantas madres y tantos padres por tomar conciencia de que la educación necesita una revolución. Una revolución basada en el respeto absoluto a los hijos, a sus tiempos, ritmos. Respeto a la forma de ser, pensar y sentir. Respeto a las diferencias, al entorno, a sus decisiones, que tienen que ser libres.

La mayoría de padres y madres lo somos por el deseo de serlo. Porque, para nosotros, nuestros hijos son un tesoro, un regalo de la vida, lo mejor que nos ha pasado nunca. Y siendo algo tan preciado, ¿cómo no íbamos a formarnos y educarnos nosotros para que se puedan convertir en personas libres, auténticas, personas de bien, de valores, personas que puedan ser felices y tener una vida plena?

Hoy tenemos la suerte de contar con la disciplina positiva como vía para que nuestros hijos crezcan felices, seguros, con autoestima. Para que sientan que merecen ser respetados y saber respetar. Para que sepan sentir y ser. La disciplina positiva nos ofrece un tesoro a la hora de educar. No nos convertirá en padres y madres perfectos, es imposible. No lo seremos nunca. Pero el propio interés en ser padres conscientes ya es un éxito.

En este libro te encontrarás herramientas, ejercicios, teoría, una ayuda increíble para educar desde el amor y el respeto. Y recuerda, lo que va de ida viene de vuelta. Nada de lo que vivimos y experimentamos con nuestros hijos los deja inmunes. Somos inspiración, motivación; somos su modelo, su guía, sus consejos.

Además de psicóloga, soy madre: dos míos y dos de mi marido. En casa del herrero, esta vez, no ha habido cuchara de palo. He tenido la suerte de disfrutar de una infancia maravillosa y de una adolescencia aún mejor. No soy una madre perfecta, me equivoco muchísimo y, cuando ocurre, pido perdón. Lloro con ellos, comparto, les pido consejos, los hago partícipes de mi vida, de mis emociones y mis problemas. Siempre he querido ser una madre «disfrutona». He disfrutado con ellos largas conversaciones, muchas penas y alegrías, problemas, viajes, juegos. Creo que he sacado jugo a mi tiempo con ellos, que no siempre ha sido tanto como me hubiera gustado.

Tengo la certeza de que, en mi caso, en mi familia, así como en las sesiones de terapia que he tenido por temas familiares, la disciplina positiva ha funcionado. Requiere un cambio de prisma, de punto de vista. Requiere paciencia, mucha paciencia, y sobre todo que los padres seamos protagonistas de este cambio. Que ustedes crean que, de verdad, educar desde esta filosofía es el mejor regalo que pueden hacerles a sus hijos.

Si tienen que dejarles un legado, una herencia, que sea la consecuencia de la educación a través de la disciplina positiva. Espero que disfruten y aprendan mucho con el libro de Diana. No se arrepentirán de haber tomado la decisión de dar el cambio.

MARISA MOYA

Diplomada en Magisterio y licenciada en Psicología. Entrenadora de disciplina positiva y neurosicoeducadora. Directora de Escuela Infantil Gran Vía (www.escuelainfantilgranvia.com – @marisamoya).

Escribo de noche para un libro que va a ser luz. En tiempos difíciles para la humanidad, hay sombras y también personas que encuentran energía para, dando lo mejor de sí mismas, ser contribución al ser humano.

Conocí a Diana en un taller, yo facilitaba disciplina positiva, ella se hizo presente; preguntaba y volvía a preguntar. Una maestra sabe que no hay fuerza más grande para el aprendizaje que la curiosidad. Compartimos entonces lo divino y lo humano de la disciplina positiva, y lo hicimos desde herramientas muy sencillas. ¡Cuánto desaprovechamos en educación por no permitirnos la importancia de lo cotidiano!

Cual paleta de pintor, mostré mis útiles, pico, pala, lupa, para educar y gozar de los procesos de nuestras criaturas.

Sin lupa no se construye bien, cambiemos la mirada hacia la naturaleza infantil. Su mente no es como la adulta, si no puedes verla, ¿cómo conseguirán esos congéneres que precisan? Comprensivos, empáticos, solidarios…, cercanos.

No es fácil, usar lupa requiere de personas dispuestas a cuestionarse. ¡Hay mucha buena praxis en educación y también mucho que desterrar de la vida de los niños!

¿Te has comprado ya el pico y la pala? Mejorar como ser humano implica información, tesón y mucha práctica.

No hace falta reflexionar mucho para llegar a esa herramienta, que, aunque en este breve escrito ocupa el último lugar, es la primera: el foco.

¿Dónde pones tu energía? ¿Crees que puedes controlar a otros? ¿A tus hijos? La disciplina positiva es esperanzadora porque dirige el foco hacia uno mismo. En cada uno de nosotros, en cada persona, está el poder de transformar el mundo.

La envoltura de estas herramientas también es conocida, ejercerla es una mezcla de aliento y amor.

Muchas gracias, Diana, por permitirme un espacio en este lugar cálido.

2.
INTRODUCCIÓN

Este libro pretende ser un referente, un libro de consulta que aúne y recopile todos aquellos libros, manuales, *tips* y recursos que me han sido útiles en la crianza de mis tres hijos y durante mi formación a padres.

Está recomendado desde el nacimiento hasta la adolescencia, puesto que no se centra en ninguna etapa concreta, porque el libro fue «creciendo» a la par que mis hijos crecían. Hoy mi mayor cumple 12 años, y empecé a «soñar» este libro cuando mi mediano nació, en 2011, lo que me empujó a entender la crianza de otra manera. En 2017, con tres hijos ya, supe que los niños necesitaban ser tenidos en cuenta, ponerles voz, e incluso «traductor»; por eso, verás que lo que describo aquí son episodios de la vida real de nuestro día a día en la crianza y de todas aquellas situaciones que han surgido en mi labor como educadora y psicóloga, acompañando y asesorando a otros padres en la crianza de sus hijos.

¿Cómo leer este libro? Realmente, como todos los libros, lo ideal es empezar por el principio, aunque nunca he visto un manual de instrucciones que diga por dónde hacerlo... Yo, sin embargo, con el paso de los años, he descubierto que me es más efectivo leer primero lo que más interés despierta en mí para seguir profundizando en la lectura. Por eso te animo a ir al reto (capítulo) que en este momento te preocupe o inquiete, y volver al principio del libro, en el que se explica el funcionamiento cerebral, la importancia de ver más allá de la conducta o cómo modular maneras explosivas de reaccionar.

He agrupado los temas por retos que habitualmente salen en los talleres que realizo para padres, las dificultades más comunes y que más nos inquietan en el día a día en la educación de nuestros hijos. Sin embargo, verás que muchos temas están entrelazados, porque hablar de una rabieta puede significar hablar de alimentación, de frustración, de insultos... Por ello, al final del libro, tienes un listado para buscar también por palabras y localizar más rápidamente el tema que te interese en ese momento.

La estructura para cada capítulo es la misma: comienzo exponiéndote uno o dos casos que ilustran el reto, simplemente recogiendo cómo sucede habitualmente en muchos hogares, para después hacer una definición o descripción más técnica del tema (qué son los celos, qué es el miedo, por qué surgen las rabietas...). He incluido las edades en las que habitualmente esto tiene lugar, teniendo en cuenta la cantidad de variables que hay en juego, ya sabes que no hay dos niños iguales y que su desarrollo no se produce al mismo tiempo, por lo que las edades serán solo orientativas y nunca debes tomarlas como un indicador diagnóstico.

Cada uno de los temas incluye una recomendación, un pequeño apunte sobre la finalidad que puede cumplir ese reto a esa edad y qué opciones tenemos los padres para sobrellevarlo de manera respetuosa y enseñar a nuestros hijos a gestionarlo de la mejor manera posible. No solo te muestro el porqué, sino también el cómo intervenir, esperando y confiando poder ayudarte con cada reto.

Todos los retos aquí presentados cumplen una función, y lo que nosotros vemos desde nuestra postura de adulto es solo la conducta. Por eso, antes de entrar a analizar esas dificultades del día a día, veremos por qué los niños hacen lo que hacen, piensan como piensan y actúan como actúan.

Las reflexiones de los expertos que encontrarás al principio de este libro también te serán útiles para poder entender muchas de las cosas que pasan en tu hogar o para, al menos, empezar a ver que «todo puede ser también diferente» (Alfred Adler).

Confío en que el libro arroje algo de luz, calma y confianza en la labor que estás haciendo como madre o padre. Confía en ti ¡y disfruta de la lectura!

Al final del libro, aparece la bibliografía utilizada y recomendada, si quieres profundizar aún más en una educación respetuosa para una infancia en positivo.

3.
EL PORQUÉ DE ESTE LIBRO

«Los niños aprenden lo que experimentan. Son como la arcilla:
cualquier palabra que caiga sobre ellos deja huella».

Ginott, 2005.

Todo comenzó con ellos. Así dicho suena muy «romántico», pero, sin ellos, todo esto no tendría sentido, o quizá sí, pero desde otro punto de vista y con otro contenido y otro enfoque.

Ser madre me ha hecho descubrir muchas sombras que no sabía que tenía. He tenido que tocar fondo para darme cuenta de que ahora solo quedaba tomar impulso para volver a la superficie, con más energía, más empuje y más motivo.

Toda la formación adquirida antes de ser madre me sirvió para guiar un camino que acabó en otra dirección. Y sobre todo, como dice un dicho, «yo había sido muy buena madre, hasta que tuve hijos». Estudié Psicología, comencé un Máster de Psicoterapia Psicoanalítica, luego un seminario en test proyectivos, cursos y más cursos de formación y ampliación de conocimientos para llegar a ser madre y ver la vida de otra manera.

Es curioso, pero, antes de ser madre, mi discurso siempre era el mismo: «Uy, yo el día que vaya a dar a luz me pongo la epidural. Para eso está la anestesia, para quitarte el dolor. Qué ganas de sufrir pudiendo evitarte eso...». Pues, unos meses antes de dar a luz, llegué a la web de *Crianza Natural* y, cuando me quise dar cuenta, estaba en el hospital pidiendo que me dejaran parir a mi bebé con la mínima intervención médica posible... Tres partos naturales sin epidural, solo con ayuda de matronas maravillosas (he de decir que esto fue decisivo para tener un parto respetado y 100 % natural).

El caso es —que me despisto del tema— que en el embarazo empezaron a tambalearse muchas de las ideas que traía «de serie». Ahí empecé a desaprender para empezar a aprender. Camino que sigo recorriendo ahora de la mano de mis hijos, motor y motivo de crecimiento y de aprendizaje continuo.

Me he vuelto más leona, con más necesidad de conocimiento y con más deseo de hacer las cosas bien. Pude mirar a la culpa cara a cara y decirle que me hago responsable de lo que ocurre, pero en su justa medida. No hay culpa, no hay reproches, hay convencimiento de que errar es de humanos y hay que creer que es parte del camino. Se aprende equivocándose, pidiendo disculpas, tomando las riendas y siguiendo adelante.

Son muchas las mamás que veo sufrir por causa de la culpa, la presión y la carga tan grande que nos ponemos a la espalda. ¿Por qué nos exigimos tanto? Y ¿por qué nos afecta tanto que nuestros hijos nos digan que somos «la peor madre del mundo», cuando sabemos que están enfadados y que realmente no lo piensan ni lo somos?

Porque no lo somos y porque, si estás leyendo este libro, está claro que eres lo mejor que tienen tus hijos y serás capaz de darles tu mejor versión. No todos los días, no todas las horas, pero sí con toda tu alma y todo tu corazón.

Gracias por leerme y gracias por entender que este libro pueda llegar a ser parte de ti con el objetivo de crear una sociedad más justa, más libre y más _____ (pon la palabra que tú quieras).

¡Disfruta de la lectura!

4.
LO QUE DICEN LOS EXPERTOS

JOSÉ RAMÓN GAMO
LA NEUROCIENCIA COMO UN ALIADO EN LA EDUCACIÓN DE NUESTROS HIJOS

Cuando somos padres, nos planteamos muchas cuestiones relativas a la educación de nuestros hijos: qué valores queremos transmitirles, qué conocimientos les serán útiles para desenvolverse en el mundo que les ha tocado vivir, cómo nos gustaría que fueran... La lista podría llenar páginas y páginas. Sin embargo, detrás de estas cuestiones hay muchos miedos, no pocas incertidumbres y algunos deseos. Entre los miedos más frecuentes entre los padres, está el que no les pase nada malo, que no sufran, y el deseo más prístino es que sean felices. Lo primero es inevitable, y lo segundo va escapando de nuestras manos a medida que crecen.

De las incertidumbres no hablo, creo que son más particulares de cada cual y me cuesta encontrar un punto de encuentro común, como con los miedos y los deseos.

Con este panorama, creo que lo único que está en nuestras manos es acompañarlos y ayudarlos en su desarrollo, aportarles un entorno seguro, sobre todo en lo relativo a nuestro amor hacia ellos. Siempre he defendido que el amor es inmutable e innegociable cuando se trata de la relación entre padres e hijos. El resultado de esto es eso que llaman un «apego seguro».

Por otro lado, tenemos un papel muy relevante en cuanto a la generación de oportunidades, la aportación de modelos que les sirvan de referencia, y sobre todo ser muy perseverantes en nuestro empeño de ayudarlos en su desarrollo como personas. Aunque yo siempre recuerdo aquello que me decía mi madre: «Hijo, yo estoy obligada a intentar todo para ayudarte; ahora, no tengo ninguna obligación de acertar». Pero, sobre todo, creo que, como padres, nuestra principal obligación es enseñarles a volar y, por supuesto, dejarlos volar. Nuestros hijos no son una propiedad, sino una oportunidad para sacar la mejor versión de nosotros mismos.

Si una cosa tengo clara, es que, para hacer un buen papel como padre o madre, no es imprescindible atesorar conocimientos sobre psicología, neuropsicología, pedagogía u otras disciplinas relacionadas con la educación o el desarrollo infantojuvenil.

Amor, paciencia, escucha respetuosa y activa, dedicación y aportarles los mínimos imprescindibles para una vida digna se me antojan las claves del asunto. Pero, dicho esto, no cabe duda de que el saber no ocupa lugar, y en este sentido algunos conocimientos sobre neuroeducación nos pueden ayudar a disminuir las incertidumbres, sobrellevar los miedos y que nuestros intentos de ayudarlos tengan un sustento en el conocimiento, lo que parece cuanto menos razonable.

El cerebro es un órgano apasionante y misterioso, aún hoy estamos empezando a entender cómo funciona y a descifrar algunos de sus misterios. No os voy a mentir, todavía estamos en pañales, pero no por ello las aportaciones de la investigación dejan de ser útiles e interesantes para la crianza.

Tenemos conocimientos que nos permiten mejorar nuestras decisiones y actuar en consecuencia, respecto a cómo favorecer las conexiones neuronales relacionadas con el apego y el vínculo, algo fundamental para su desarrollo emocional y que va a determinar su relación con el mundo y la seguridad con la que lo van a explorar.

Las primeras teorías al respecto asociaban el desarrollo del vínculo afectivo con la lactancia; hoy sabemos que la magia surge de los mimos, las caricias, de hablarles, cantarles, atender sus necesidades vitales, siendo la etapa de los 0 a los 3 años determinante para la instalación de los códigos básicos que van a condicionar sus relaciones afectivas, con todas las implicaciones que esto conlleva.

Sabemos que es un órgano diseñado para aprender y aprender haciendo. Por tanto, lo mejor que podemos hacer con nuestros hijos es dejarles explorar su entorno libremente, aunque nuestra obligación durante muchos años de su vida es que este entorno esté en cierta medida controlado y supervisado.

Por ejemplo, cuando un peque está explorando en el parque y empieza a subir las escaleras del tobogán, intentemos intervenir lo menos posible, dejemos que explore sus posibilidades, que haga ensayo-error, observemos lo que hace, y deberíamos prestarle ayuda cuando él la demande o veamos que se frustra, hasta el punto de abandonar. Este es el momento para orientarlo en cómo lo podría hacer, e incluso ayudarlo a hacerlo, para que su cerebro aumente su percepción de posibilidad, de consecución del objetivo. No lo cojas, pero estate cerca para que se sienta seguro y minimice el riesgo de un buen trompazo, pero no hay por qué evitarle el trompazo.

En mi generación, cuando íbamos paseando por el parque con nuestros padres y, despistados, nos encaminábamos a dejarnos la cabeza contra una farola, mi padre le decía a mi madre: «Mira qué "castaña" se va a pegar», pero solo intervenían cuando ya nos habíamos dejado el cuerno, nos limpiaban las heridas y nos advertían que había que fijarse y tener más cuidado. Hoy, la madre le dice al padre: «Mira qué "castaña" se va a dar contra la farola», y el padre va y desmonta la farola. Bueno, como veis, esto es una caricatura que me sirve para llamar la atención sobre el hecho de que la sobreprotección del presente es su desprotección del futuro. Desde un punto de vista general, desde luego, pero, desde el punto de vista más neurofuncional, debemos entender que los aprendizajes más significativos están basados en las experiencias.

En este sentido, siempre me provocó mucho interés saber qué era lo que movilizaba los recursos de nuestro cerebro para aprender y cómo podía este conocimiento serme útil en mi práctica profesional. Hoy, esto se ha trasladado a mis intereses como padre.

El cerebro se siente muy atraído por aquello que nos es necesario, por las cosas que nos provocan curiosidad, pero, sobre todo, por lo que nos produce placer. Así que, como educador y como padre, busco la manera de que lo que quiero que aprenda mi peque le resulte útil y necesario para sus intereses; intento provocarle curiosidad por las cosas, pero principalmente observo qué es lo que le genera curiosidad a él de forma natural y espontánea, e intento que disfrute cuando está aprendiendo cosas nuevas.

Muchos de los que estéis leyendo estas líneas os estaréis diciendo que eso no es tan fácil a medida que nuestros hijos van creciendo, y sobre todo cuando son adolescentes; sin embargo, lo que sabemos es que esto es así toda la vida, quizá lo que cambia es la complejidad que supone para los padres hacer esto con los adolescentes. No os preocupéis, ellos van a identificar sus necesidades, no perderán la curiosidad y, sobre todo, van a descubrir muchas cosas placenteras.

Uno de los conocimientos más valiosos que aportan las neurociencias y que tienen una gran implicación con la educación de nuestros hijos son aquellos relacionados con las funciones ejecutivas. Todos convenimos en la importancia que tiene el control emocional y no dejarme secuestrar por mis emociones, lo no menos importante que es saber inhibir mis respuestas o mi conducta, para poder tomar conciencia de su idoneidad y las posibles repercusiones que puedan tener. La importancia de establecer metas y ser perseverantes en la consecución de las mismas, sabiendo priorizar, organizar y planificar. Lo valioso que es ser capaz de demorar nuestra recompensa y mantener el esfuerzo en el tiempo, hasta llegar a nuestras metas de orden superior, siendo capaces de renunciar a placeres más inmediatos, pero que a la larga pueden perjudicarnos, ya que nos desvían del objetivo.

Todos sabemos la importancia que tiene el hecho de poder controlar mi atención y fijarla sin distracciones en aquellas cosas que son realmente pertinentes en un momento dado, independientemente de que me apetezca o me guste lo que tengo que hacer.

Todas estas capacidades sabemos que están íntimamente relacionadas con lo que entendemos por «inteligencia» y, en consecuencia, con nuestras capacidades y habilidades para adaptarnos de forma eficaz a la demanda del entorno.

Hoy día, el conocimiento sobre las funciones ejecutivas es tremendamente valioso para padres y profesores, pues puede inspirarnos mucho respecto a valores y competencias que debemos transmitir a nuestros hijos.

Los conocimientos sobre el funcionamiento del cerebro arrojan mucha luz respecto a cómo funcionan los mecanismos de la recompensa y el placer, tan relacionados con cuestiones tan relevantes como las adicciones, la depresión o la ansiedad. Sabemos cómo responde el cerebro ante la luz, el movimiento y el sonido, y ello, unido a los mecanismos de recompensa, nos permite entender por qué son tan atractivas las pantallas y los riesgos que pueden entrañar.

Estas, u otras muchas cuestiones que nos preocupan y nos generan incertidumbre, pueden encontrar respuesta o aumentar nuestras certezas a la hora de tomar decisiones relativas a la crianza de nuestros hijos.

Pero, recordad, lo más importante sigue siendo el amor que les transmitimos, el respeto que les demostramos y el hecho de estar presentes y dispuestos para cuando nos necesitan.

JOSÉ RAMÓN GAMO

Experto en audición y lenguaje; máster especializado en Neuropsicología Infantil y del Desarrollo, y director del Centro de Atención a la Diversidad Educativa.
(@joseramongamo)

ELISA MOLINA
Ser padres conscientes

Mucho se ha hablado sobre la educación en los últimos años y me gustaría poder aportar mi granito de arena en el libro de mi amiga Diana, que tan feliz me ha hecho al pedirme que contribuya en su cuarto hijo.

Si analizamos los últimos años de la historia, tenemos que reconocer que el cambio en el paradigma educativo ha sido radical. Hemos pasado de una educación basada en la autoridad de los padres y maestros que no miraban a la infancia con el respeto que merecen, a otra en la que el respeto se tiene únicamente hacia los niños, y los padres quedan relegados a un segundo o tercer plano.

En mi opinión, en ambos estilos hay falta de respeto hacia todos, porque se trata de relaciones verticales en las que el poder lo tiene el que está en la parte de arriba, mientras que el que se encuentra abajo está al servicio del otro.

Sin embargo, también somos muchos los profesionales dedicados a la educación que apostamos por un modelo educativo en el que haya respeto para ambas partes y en el que la relación pase de ser vertical a horizontal. Cada vez somos más las personas que creemos necesario que haya formación para las familias, que son fundamentales en la vida de sus hijos y que demandan cada vez más conocer cómo relacionarse con sus pequeños sin tener que recurrir a los automatismos con los que muchos crecieron: gritos, castigos, amenazas, premios…

Los padres y madres de ahora pertenecemos a una generación muy formada y predispuesta. Hemos estudiado, nos hemos preparado para trabajar durante años, hemos desarrollado habilidades sociales y hemos comprobado cómo la inteligencia emocional es una de las asignaturas pendientes. Sentimos que la forma de llegar hacia una meta, ese camino que decidamos tomar, va a tener consecuencias en el presente y, sobre todo, en el futuro de nuestros niños.

Por lo general, el momento de convertirnos en padres y

madres es pensado y, muchas veces, planificado. Asistimos a cursos de preparación al parto y estamos implicados (y concienciados) en cómo queremos ejercer nuestro nuevo papel en la familia.

Somos cada vez más conscientes de las cosas que no queremos hacer con nuestros hijos porque sabemos que afectan su autoestima, generan mal ambiente en casa y dañan la confianza entre los miembros de la familia. El problema es que no siempre sabemos cómo hacerlo con otras herramientas, porque no las tenemos y debemos aprender. Por eso, la consciencia es una parte fundamental en la educación de nuestros hijos. Necesitamos ser conscientes de cómo queremos educar, cómo lo estamos haciendo hasta ahora, qué cosas queremos cambiar, qué valores queremos transmitir a nuestros hijos y cómo queremos relacionarnos con ellos.

Ser padres conscientes va a responder a las necesidades que siento como padre o madre por dar lo mejor a mis hijos, teniendo en cuenta que los niños necesitan que estemos presentes física y emocionalmente, necesitan valores, necesitan límites, necesitan sentido común y coherencia, a la par que libertad para experimentar, para poder ejercitar la curiosidad innata en el ser humano.

Es bastante frecuente encontrar familias que llegan a formaciones buscando «varitas mágicas» para poder educar a sus hijos quitando esas herramientas que no nos conectan con ellos. Pronto se dan cuenta de que hay muchas pequeñas cosas que podemos mejorar con pequeños cambios, y luego nos queda un trabajo personal importante que nos permitirá ser conscientes de cómo hemos sido educados y que quizá tenemos impreso en nuestra esencia.

Afortunadamente, el ser humano es maravilloso y tiene capacidades que hoy sabemos que son las que nos permiten aprender, reflexionar, decidir, cambiar, mejorar… El ser humano siempre aprende, y si nos lo proponemos, podremos cambiar aquello que no nos gusta de nosotros.

Y esto tiene un valor añadido. Porque aprender lleva trabajo, pero desaprender y volver a aprender lleva el doble. Y aquí seguimos en un camino que nos hace sentir mejor como padres y madres. No significa que no tengamos conflictos en casa. Significa que se dan con menos frecuencia, que la resolución de ellos, en general, se hace desde otro plano. Que no hay tantas reacciones y sí hay reflexiones y aprendizajes compartidos.

Así es el camino de la maternidad y la paternidad conscientes. Un camino en el que hay rectas, curvas, subidas, bajadas, cambios de rasante…, y momentos en los que se disfruta de la carretera, de la conducción…, momentos en los que disfrutamos viendo crecer a nuestros hijos, acompañándolos mientras damos alas y damos raíces. Alas para que vuelen, lejos, hasta donde quieran, con seguridad. Raíces para tener un lugar al que volver cuando todo vaya bien, cuando todo vaya mal. Sobre todo, creando recuerdos que se queden grabados en su cabeza y en su corazón. En una era tecnológica donde todo se compra a golpe de clic, aún quedan cosas que no se compran con dinero: un beso, un abrazo, un «te quiero», un hogar y el tiempo que les dedicamos a nuestros hijos.

Una última cosa: cuando pienses que ya no puedes más, que esto no puede seguir así y que educar de forma respetuosa a tus hijos no funciona, déjame que te haga una pregunta: ¿cómo quieres que te recuerden tus hijos cuando ya no estés?

Ánimo, lo estás haciendo lo mejor que sabes ahora mismo. Si necesitas cambiar algo, piensa que no hay mejor inversión que la que se hace para la familia. Siembra, siembra cosas buenas en tus hijos y, antes de lo que piensas, estarás recogiendo frutos.

Un abrazo, y gracias por estar ahí.

Elisa Molina

Maestra y fundadora de *Educar en Calma*
(www.educarencalma.com – @educarencalma).

RAFAEL GUERRERO
La importancia de apego seguro en la infancia

El ser humano es el animal que nace más inmaduro de todos los que habitan nuestro planeta. Esta inmadurez lo convierte en dependiente de sus cuidadores principales. A pesar de que la palabra *dependencia* nos genera mucho rechazo, considero que la dependencia en los primeros meses y años de vida es tremendamente positiva. Gracias a la inmadurez con la que venimos a este mundo, entregamos todas las papeletas de supervivencia a nuestro cuidador o cuidadora principal. Qué gran responsabilidad, ¿verdad? Esto es una gran noticia, siempre y cuando los cuidadores del menor sean sensibles, empáticos y respetuosos con el niño. Ahora bien, desgraciadamente, no todos los niños tienen la suerte de tener unos padres bientratantes. Un porcentaje elevado de niños sufren malos tratos, abusos y situaciones de negligencia en su día a día en el contexto familiar.

No termino de entender por qué el apego tiene tan mala prensa. ¿Por qué en algunos foros se escucha que debemos huir del apego? No lo sé, porque el apego es algo inherente no solo al ser humano, sino a todos los mamíferos. Desde luego que debemos evitar las relaciones de dependencia en la etapa adulta, pero, cuando hablamos de menores, la dependencia es tremendamente positiva, pues les permite sobrevivir y aprender una amplia gama de habilidades, destrezas y competencias. Sin un cuidador, moriríamos.

¿Qué es el apego? Podemos definir el apego como una relación afectiva duradera en el tiempo en donde el fuerte de la relación (cuidador) sintoniza y cubre las necesidades que presenta el débil de la relación (menor). Por lo tanto, apego implica una relación vertical donde uno cuida y otro es cuidado. Es una relación unidireccional, ya que siempre va en la misma dirección y no se intercambian papeles. Es importante que las madres, los padres, los profesores y los profesionales entendamos que nosotros somos los fuertes, líderes y sabios de la relación y, por lo tanto, debemos atender las necesidades que presentan los débiles e inexpertos de la relación. Así pues, es el niño quien se apega al cuidador y no al revés. Me gusta decir que el cuidador, habitualmente mamá o papá, se vincula a su hijo, no se apega, ya que el apego implica dependencia. Que el menor se apegue al adulto es positivo, adaptativo y le permite sobrevivir, pero que los padres se apeguen a sus hijos va a implicar una relación dependiente e insana.

Si continuamos el hilo de las relaciones sanas, decimos que si mamá y papá son sensibles a las necesidades de su hijo, empatizan con él y cubren sus demandas, irán fomentando la autonomía e investigación en el menor, lo que hará que su relación sea cada vez menos dependiente y cada vez más autónoma. Ahora bien, esto implica muchos años. Si los cuidadores principales de los niños somos bientratantes, porque fomentamos y aplicamos los buenos tratos, tendrá consecuencias muy positivas y adaptativas: el día de mañana, cuando este niño sea adulto, podrá establecer vínculos sanos con los demás (amigos, pareja, compañeros de trabajo y, por supuesto, con sus padres), gozará de una buena autoestima, sabrá reconocer sus fortalezas y sus limitaciones, entenderá el error como parte del aprendizaje, etc.

Por lo tanto, es fundamental que los adultos significativos alrededor del niño sintonicemos con sus necesidades y se las cubramos. Si en la mayoría de las ocasiones obramos de esta manera, será porque somos responsivos y la consecuencia natural es que nuestros hijos tendrán una autoestima alta, serán sensibles con los demás, tendrán estrategias de autorregulación emocional, serán empáticos, capaces de resolver conflictos y salvar obstáculos en su día a día.

Recordemos que en el apego la acción es unidireccional, es decir, siempre es el cuidador quien se encarga de cubrir las necesidades del niño y no al revés. En cambio, en el estado adulto hablamos más de vínculos que de apego, aunque en la base nos referimos a las mismas funciones: cuidar, proteger, acompañar, legitimar, etc. Esto es así porque las relaciones horizontales sanas se basan en el intercambio: hoy te ayudo yo, mañana me ayudas tú. Ayudemos a nuestros hijos a pasar de la dependencia a la autonomía o interdependencia, donde tenemos la capacidad de realizar habilidades de manera autónoma, y en otras destrezas necesitaremos la ayuda y el apoyo de los demás.

No tengas ningún problema en reconocer tus errores y limitaciones. Muéstrate vulnerable, porque todos los mamíferos somos vulnerables y necesitamos de los demás. El único camino sano que nos lleva de la dependencia a la autonomía son los buenos tratos.

RAFA GUERRERO

Psicólogo, doctor en Educación y director de Darwin Psicólogos. Experto en apego e inteligencia emocional. Profesor universitario y padre de dos niños. Autor del libro *Educar en el vínculo* (Plataforma Editorial, 2020).

YOLANDA CUEVAS
Si harías cualquier cosa por tu hijo, ¿por qué no empezar a saber acompañarlo?

En un pasado no muy lejano, el objetivo prioritario de los padres era dar estudios a sus hijos. En esos tiempos, unas veces porque salir del campo era símbolo de prosperidad y otras porque quizá ellos no tuvieron esa posibilidad. Desde edades muy tempranas tuvieron que buscarse la vida trabajando e incluso dar su sueldo en casa hasta que se casaran. Se daba por hecho que tener un título, trabajar en la ciudad y gozar de un puesto fijo era tener la vida resuelta, ser feliz. Esto, en muchas familias, pudo ser hasta obsesivo. Las notas, las comparaciones como método de motivación mal entendido, las tensiones y el ambiente crispado hicieron que se debilitaran muchas relaciones entre madres-padres e hijos, que no se disfrutara ni se encontrara sentido al estudio y se generara el deseo de abandonar los estudios en cuanto se pudiera. Pienso que, detrás de los casos de falta de límites, normas actuales, en parte, están estas experiencias autoritarias, rígidas, de las que se huye. Los padres y madres no quieren que sus hijos se sientan como ellos. No todo es por falta de tiempo y ausencias a causa de extensas jornadas laborales y estrés…, que también.

Ahora curiosamente ya vemos en otras generaciones que hay madres y padres con más estudios que los hijos, aunque hayan tenido estos más posibilidades. Ya no solo se destaca y se encuentra trabajo más o menos fijo por tener una carrera, uno o varios másteres, idiomas o experiencia en el extranjero, ahora la inteligencia emocional (autocontrol, motivación, regulación emocional, empatía y habilidades sociales) es una variable de selección para el trabajo, las relaciones y para la vida en general. Ya no solo sirve un título. Esto puede frustrar a algunos, pero la realidad cambia y hay que adaptarse al entorno y entrenar esa inteligencia emocional desde niños a poder pasar por la vida (porque estamos de paso) con esas herramientas de la mejor forma posible. Como dijo

Darwin, «no es la especie más fuerte la que sobrevive, ni la más inteligente, sino la que responde mejor al cambio».

Por otro lado, a algunos niños de antes se les callaba, de manera normalizada, con una dura y penetrante mirada, un bofetón, una humillación en público o una comparación. Era el modo que los padres tenían de educar, no sabían otro, y en la mayoría de los casos lo habían experimentado en carnes propias. Primaba la idea de que al árbol se le endereza de joven, o expresiones tipo: «No hay que dejarlos, si no, se te suben a la chepa». Ahora se sabe que con esas formas autoritarias y poco respetuosas también se atentaba contra la estructura y manejo emocional, la autoestima, las habilidades sociales, poner límites, saber decir no...

¿Cómo va a saber un niño poner nombre, acompañar su emoción y darse lo que necesita si, cuando llora, te enfadas o le dices «así no te quiero»? ¿Cómo va a saber decir «no» si a cada «no» que te dice le impones, presionas, obligas? Ahora esto ya está en vías de extinción, o para eso trabajamos desde la psicología, en consulta, RR. SS., artículos, libros, charlas, talleres, el *mindfulness* y disciplina positiva. Cada profesional de la psicología y educación, desde su entorno, creando una red segura.

El reto de los padres a partir de ahora es ir más allá, es atender también a las necesidades emocionales, acompañar el desarrollo de su mundo interior. Sabemos que, como un iceberg, lo que se ve no es todo lo que hay, y que detrás de ciertos comportamientos de los menores (y mayores) hay necesidades no resueltas. Somos pensamiento, emoción y comportamiento, es la tríada psicológica base del trabajo psicológico y el poder entendernos. Detrás de comportamientos hay emociones y pensamientos. Los padres y madres que siguen modelos educativos de otro siglo buscan la extinción de esa conducta o comportamiento sin darse cuenta de que están perdiendo una oportunidad de conocer, acompañar a su hijo en sus necesidades más profundas. Lo fácil, conocido y cortoplacista es castigar esa conducta de diferentes formas, y a corto plazo puede desaparecer, pero no resolverse. Conocer las consecuencias negativas del castigo para los menores conciencia de la necesidad de otros modos. Una mirada cariñosa y respetuosa permite llegar a lo más profundo y conectar con lo que le pasa a nuestro hijo, y así juntos reparar, solucionar internalizando y crear nuevos modelos de relación con sus iguales. Modelos alejados de gritos y luchas de poder. Pero, para poder conectar y después reparar, los padres y madres tienen que estar presentes, conectados, no secuestrados por el estrés y en piloto automático, pretendiendo que los hijos hagan lo que ellos quieren y en el momento que les viene bien.

Muchas veces, madres y padres acuden a consulta con la punta del iceberg: mal comportamiento, lloros, rabietas por todo, contestaciones, pegar, no cumplen normas, no estudian, no están motivados, problemas con la tecnología… Su objetivo es que hagas con ellos lo que sea para parar o resolver estos problemas. Algunos creen que ir al psicólogo es una extraescolar: dejar al niño y al rato venir a buscarlo, o lo esperan abajo. Aquí tenemos la tarea de psicoeducar, involucrar al sistema familiar y trabajar como equipo en un espacio de seguridad, respeto y libertad. Aprender de apego, de conexión, de cerebro, de emociones, de crear calma y sostén…, todo ello permitirá que las cosas mejoren desde la raíz.

No se buscan madres y padres perfectos. Se busca hacerlo suficientemente bien, y, por cierto, para ello se necesita suficiente tiempo presencial y compromiso para este apasionante viaje lleno de retos, sorpresas, descubrimientos y conocimiento. Agarrarse a la frase «Ser padre es muy difícil» no hará que las cosas cambien. La «mano dura» y la rigidez, tampoco.

Son muchas las expectativas, presiones, miedos, necesidades propias las que no te permiten ser la madre o el padre que tu hijo necesita y que a ti te gustaría ser. No te aferres al «soy como soy», puedes trabajarte y liberarte de todo aquello que no necesitas para acompañar a tu hijo.

A veces, los padres y madres arrastran experiencias de la infancia, relaciones con sus progenitores o sus cuidadores que no sumaron, y al tener hijos se activan aquellas experiencias en diferentes momentos. En ocasiones, la familia resulta ser la mayor fuente de estrés, y experiencias de poca conexión, insensibilidad, rigidez, autoritarismo o agresividad no pasan como si nada, sino que dejan una huella, configurando estilos de apego inseguros, resultado de relaciones poco funcionales que pueden llevar a problemas en las relaciones posteriores con el resto de personas y entorno.

En estos estilos hay poco espacio al desarrollo emocional, a la calma, a la conexión, por lo que en momentos de tensión van a saltar modelos, formas, pautas antiguas, porque es lo conocido, aunque haya sido sufrido. Y esto obstaculiza la conexión necesaria con los hijos para poder sintonizar con sus necesidades. Recuerda que los niños se regulan a través de ti, gracias a ti.

Los padres y las madres tienen que trabajarse y trabajar para construir ese apego seguro. Ya en 1969 John Bowlby destacó con su trabajo que si los padres y madres están en sintonía, presentes en el mundo emocional y con las necesidades internas, los niños se sentirán seguros, conectados y amados. Así que con esto ya sabemos que, si los niños son inseguros y ansiosos, el acompañamiento no ha sido el adecuado, y esto tiene repercusiones también en la vida adulta, si no hay personas y vivencias que lo reparen en la infancia. A veces, otras personas del entorno, como un entrenador, un deporte, una tía, un profesor, un grupo…, reparan y «salvan» a los niños.

Las investigaciones ponen de manifiesto que el estilo de apego que los padres tienen con sus progenitores predice el apego que sus hijos tendrán con ellos (Van Ijzendoorn, 1995). Así que los adultos que de niños experimentaron apego inseguro suelen tener más dificultades en acompañar sus propias emociones, las de los demás y ser resolutivos con los retos de la vida (Shaver y Mikulincer, 2002).

Los padres y madres quieren actuar correctamente, y todo lo que hacen es en beneficio de sus hijos, pero no siempre lo hacen bien, y a veces, por falta de recursos, se muestran emocionalmente ausentes. Todo esto puede ayudar a entender cuando los adultos no saben decir no, pues tienen miedo al compromiso, ciertos perfiles ansiosos, modo de resolver conflictos desde la agresividad o desde la parálisis, sumisión, etc.

Después de todo esto, pasar una ITV emocional o psicológica antes de ser padres, por lo menos, no es una idea disparatada, ¿no? Porque todas esas experiencias, si no han sido reparadas o superadas, pueden trabajarse y no dejarse para después. Llegado el momento, conocer, entender y reparar el pasado puede ser muy liberador y sanador. Y esto hacemos en terapia. La sintonía y resonancia con uno mismo nos permite sentirnos seguros y abiertos a nuestros pensamientos, sentimientos y emociones (Siegel, 2007). A veces, me oigo en consulta: «Si todo esto lo hubiera sabido con la primera…, es que nadie te cuenta esto». Bueno, para eso estamos, la clave es que el primer hijo no sea el conejillo de Indias… Libros como este ayudan a tomar conciencia y a entrenar la intención de hacer las cosas de otro modo y con corazón. De la forma que sentimos que es la correcta y seguramente la forma que nos hubiera gustado ser acompañados en nuestra propia infancia.

Por otro lado, la meditación, antes relacionada con gente «rara», te permitirá ser menos reactivo y más consciente, más empático y comunicativo, más sereno, más creativo, más conectado a ti y a tu hijo, más amable y compasivo. Se necesita una mente clara y serena para saber qué decisiones tomar en momentos difíciles; se necesita sentirse mejor para poder ser mejores, y se trata de ganarnos a los niños y no de ganarles.

Una vida *mindfulness* es la mejor herencia para tus hijos, pues permite conocer y experimentar el funcionamiento del mundo interno sin quedarse atrapado por los propios pensamientos, emociones y sensaciones. Cuando pierdas el rumbo, el *mindfulness* o la atención plena y sus prácticas pueden aclararte el camino para poder encontrar la forma más adecuada de acompañar a tu hijo. A veces es difícil entenderlos o saber qué necesitan; están en evolución, protestan, dudan, te quieren lejos…, pero en realidad te necesitan. Estos momentos son oportunidades para aprender, conectar y seguir. Saber dar espacio y saber cuándo volver es un arte que hay que ir experimentando con paciencia y cariño.

En definitiva, es posible mejorar la calidad de vida familiar y el bienestar emocional de los hijos a partir de un entendimiento y una conexión mayores gracias al *mindfulness*.

Tenemos el reto de que los niños no pierdan esta habilidad de estar presentes y que, con tus prácticas y modo de estar en la vida, sean ejemplo y luz, una vez más, e interioricen una vida *mindfulness* sin presión ni obligación.

Acabo con una pregunta: ¿qué quieres para tus hijos? Yo quiero para Vieri que sea cariñoso, empático, amable, resolutivo, responsable, solidario, respetuoso, paciente, compasivo, que sepa calmarse, motivarse, trabajar y compartir con otras personas…

Con la lista que realices, pregúntate si, en el acompañamiento que estás realizando, utilizas cada uno de esos «ingredientes». Lo que no esté en ti no estará en ellos. Si no te trabajas antes, no podrá llegarles lo que quieres de corazón a corazón. No puede quedarse en teoría. Abandonar los métodos punitivos no es ser permisivo, se puede ser firme y amable con mente y corazón. Igual que la respiración se da gracias al inhalar y al exhalar y no se concibe la una sin la otra, así tiene que ser la educación, firme y amable.

No pierdas la mirada amorosa que le regalaste cuando lo viste por primera vez, en su nacimiento. Volver a ese momento puede darte la fuerza necesaria para darle lo que necesita.

YOLANDA CUEVAS AYNETO

Psicóloga e instructora en *mindfulness* para niños y adultos MBSR, certificada en disciplina positiva (www.yolandacuevas.es – @YolandaCuAy).

5.
POR QUÉ LOS NIÑOS HACEN LO QUE HACEN

5.1 TENGO TRES CEREBROS EN UNO

Bueno, no solo lo digo yo, todos tenemos tres cerebros en uno... Algunos los usamos más que otros, porque alguno de estos tres está más desarrollado que otros, sobre todo en la infancia. Por eso, entender cómo funciona el cerebro, cómo está estructurada la mente de un niño, desde que nace hasta su edad adulta, nos da una ventaja y nos abre una puerta enorme para entender por qué los niños (y adultos) hacen lo que hacen y para saber cómo actuar ante esas conductas.

Entender lo que pasa en nuestro cerebro nos permite ponerle nombre a nuestras emociones, pensamientos y sentimientos con el fin de ayudar a los niños a conocer lo que les está ocurriendo.

Para poder explicar a los niños cómo se sienten o qué les pasa, primero debemos enseñarles cómo funciona el cerebro.

Nos ponemos un poquito teóricos para hablar de cerebro, aunque del modo más sencillo posible, con la idea de que puedas explicarle esto mismo a tus hijos (a partir de los 3 años pueden entenderlo y captar la idea) y que comprendan lo que pasa en su cerebro, para entender mejor su conducta y hacerse cargo de lo que les pasa.

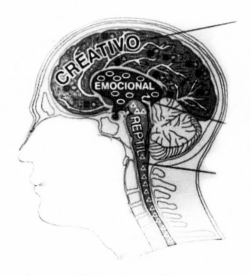

Gracias a Paul MacLean, sabemos que tenemos tres cerebros en uno (cerebro triuno), y gracias a Daniel Siegel, autor del libro *El cerebro del niño* (2012), podemos representarlo con la palma de la mano a partir de un símil, es decir, una analogía del cerebro:

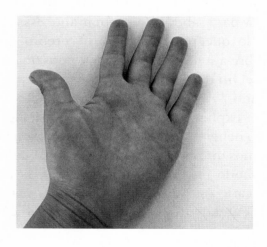

La parte de la muñeca se corresponde con el tallo cerebral, el bulbo raquídeo. Es la primera parte del cerebro que se forma. Este es conocido como «cerebro reptiliano» porque es propio de los reptiles (el tamaño del cerebro de un cocodrilo es igual al de su ojo) y regula solo las funciones vitales, temperatura corporal, respiración… Es el cerebro de la supervivencia. Y tiene tres posibles respuestas: huir, atacar o quedarnos paralizados. De tal manera que, ante una situación que percibimos como amenazante, peligrosa, en la que está en juego nuestra supervivencia, que nos genera estrés, este cerebro entra en escena y nos prepara para la huida, el ataque o nos deja inmóviles, sin posibilidad de reacción. Es visceral e instintivo; no piensa, solo actúa. Es responsable de las funciones automáticas, es el más primitivo.

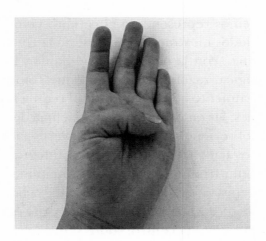

La parte media de la mano, con el dedo pulgar doblado hacia dentro, representa al cerebro medio, el de las emociones (cerebro límbico), las memorias, y está «presidido» por las amígdalas cerebrales, conocidas como «el guardián del cerebro» (es el radar de seguridad). Quiere que estés bien a toda costa, esa es su mayor preocupación, además de proporcionarte placer y bienestar, hasta el punto de que puede bloquear el acceso al cerebro superior.

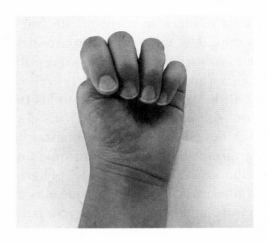

Por último, si doblamos los dedos sobre el dedo pulgar y lo tapamos, tenemos representado el cerebro completo, con la parte de los dedos mostrando lo que sería la corteza prefrontal, el neocórtex, con la percepción, el habla y las funciones superiores, lógica, razonamiento, o lo que comúnmente llamamos «pensamiento». El lóbulo frontal regula las relaciones interpersonales, las emociones y la conciencia de uno mismo.

Cuando sobreviene una emoción fuerte, algo que nos altera, que nos hace «destaparnos», esa integración deja de darse y el lóbulo frontal se apaga. En disciplina positiva llamamos «destape» a esta pérdida de integración. Y lo que necesita nuestro cerebro (nuestra mente y cuerpo) es volver a recuperar la calma, el control sobre sí mismo, para volver a estar integrado y recuperar así la actividad del lóbulo frontal.

¿Sabes a qué edad está completamente formado el cerebro? Pues, según las últimas investigaciones, un cerebro completo se forma en torno a los 25 años, y siempre que haya ido adquiriendo habilidades de aprendizaje. Teniendo en cuenta esto, podemos imaginarnos cómo funciona el cerebro de nuestros hijos y, en consecuencia, qué podemos esperar de ellos según su edad.

Además, a todo esto tenemos que añadir que en la amígdala es donde se encuentran las neuronas espejo, responsables de que imitemos otros comportamientos (buenos y malos) y, a su vez, de la adquisición de nuevos aprendizajes. Las neuronas espejo son vitales en cuanto al aprendizaje, a la conexión y a la interacción social.

En cierto modo, el mal comportamiento es un grito en un cañón con eco; el eco es nuestra respuesta, y acaba teniendo más peso que el grito[1].

Es muy importante entonces que podamos trasmitir la idea a nuestros hijos (y a nosotros mismos) de cómo nuestro cerebro cambia y cómo es necesario mantener la calma, y cuando la hemos perdido (nos hemos «destapado»), volver a recuperarla.

Cuando tenemos la representación del cerebro completo (la mano cerrada formando un puño), el cerebro racional conecta con el cerebro límbico, y este, con el reptiliano. A los niños les decimos que están como las tortuguitas: relajados, tranquilos, seguros...

De esta forma, en situaciones «normales», nuestra parte más humana es la que regula nuestra parte más animal, y en los momentos en los que nuestro cerebro medio o inferior se destapa (levantando nuestros dedos), el cerebro racional deja de ejercer regulación alguna y las emociones toman el control, siendo entonces cuando nos dejamos llevar por la rabia, el enfado, la ira... A los niños les decimos que este es el cerebro de los monitos, ya que, cuando están así, se encuentran muy movidos, inquietos, juguetones, incansables, irascibles, inconsolables..., y a veces esto va a más y empezamos a actuar de manera descontrolada, con gritos, emociones y acciones desbordadas, como pegar, huir, atacar o quedarnos de piedra. A este cerebro lo llamamos «el del cocodrilo», porque los hace morder, empujar, pegar, etc. (o a nosotros mismos, porque no nos olvidemos de que los adultos también nos destapamos y, sobre todo, que por las neuronas espejo nos conta-

---

1   DINKMEYER, D., et al. (1980). STET Systematic Training for Effective Teaching. Ags Pub.

giamos y acabamos perdiendo el control o viendo cómo otros lo pierden).

Y por si esto fuera poco, la amígdala (nuestro guardián), con las neuronas espejo a la cabeza, domina la escena y contagiamos a los que nos rodean. Por esto es tan difícil mantener la calma cuando estamos con alguien que la ha perdido.

Todos funcionamos mejor cuando tenemos acceso a las diferentes partes de nuestro cerebro, y este funciona de manera integrada. Cuando estamos ante una situación estresante, nuestra corteza prefrontal no funciona bien y podemos perder nuestras habilidades de resolución de problemas.

Puedes ver esta explicación con imágenes en nuestro canal de YouTube de *Infancia en Positivo*, escribiendo «Cerebro en la palma de la mano», o bien buscar el de Daniel Siegel, que nos muestra en los vídeos el funcionamiento del cerebro. Además, nos indica cómo ayudar, paso a paso, al niño a manejar emociones intensas y cómo este proceso está funcionando a nivel biológico en el cerebro.

Lo interesante de todo este aprendizaje es que podemos darnos cuenta de lo que nos está ocurriendo y ser conscientes de cómo repararlo. Vemos que nos destapamos, que destaparse es humano, que habrá momentos en nuestra vida en los que estemos más tiempo destapados que integrados (por ejemplo, cuando hemos tenido un bebé y apenas dormimos…), pero, sobre todo, que nuestros hijos aún no tienen formado el cerebro como el de un adulto, pues las funciones propias de la corteza prefrontal están en proceso y su cerebro medio está más a flor de piel, siendo más fácil que se muevan por lo emocional que por lo racional.

Cuando esto ocurra, nos puede venir bien tomarnos un tiempo fuera positivo (TFP) para volver a nosotros mismos. Esta técnica es muy útil porque permite al niño aprender a regular sus emociones, a relajarse, siendo él quien decide cómo y cuándo usar ese tiempo o momento. Y sobre todo, a los padres nos va a permitir dar tiempo a que nuestra tapa baje y podamos empezar a pensar de nuevo y no dejarnos llevar por el desborde de emociones.

En casa, el TFP puede ser un espacio creado por los hijos, junto con vosotros, al que poder acudir siempre que sientan que se han destapado y necesitan volver a conectar con su cerebro racional (es opcional, no obligado, y cuando los niños son pequeños, es mejor acompañarlos). Es un espacio voluntario creado por los niños con los objetos y características que ellos consideren útiles para recobrar la calma; se hace una lluvia de ideas para decidir dónde estará ubicado, cómo se va a llamar, cuántas personas pueden usarlo al mismo tiempo, qué objetos va a tener (plastilina, una agenda, un peluche...), y los adultos podemos crear otro para nosotros. Jane Nelsen, madre de la disciplina positiva, tenía su TFP en su baño, allí puso una neverita pequeña, para, en situaciones de destape, poder desconectar y volver a conectar.

Si te animas a explicarles el cerebro en la palma de la mano a tus hijos, recuerda hacer un listado de cosas útiles para cuando nos «destapemos» y que servirán de TFP:

- Beber agua.
- Respirar profundamente.
- Notar cómo se acelera mi ritmo cardíaco.
- Ir a un espacio para calmarse (tiempo fuera positivo).
- Con niños muy pequeños no podemos olvidar la importancia de la supervisión, explicarles cómo funciona el cerebro, acompañarlos al tiempo fuera positivo (siempre voluntariamente, ya que no es un castigo).
- Validar sus sentimientos poniendo nombre a las emociones que sienten.
- Redirigir.
- Permitirles estar solos si nos lo piden, pero sin olvidar supervisar.
- Canalizar su agresividad; no podemos consentir agresiones. De manera respetuosa, redirigiremos su actuación, impidiendo que lo hagan, con suavidad, sin reproches y con firmeza.

Cuando seas tú quien «pierde la tapa» del cerebro superior, es decir, cuando «te destapes», tómate un tiempo fuera positivo en la medida de tus posibilidades, comunícales a tus hijos que ahora mismo estás muy enfadado, desbordado, que necesitas volver a conectar.

Sal de ese espacio si es posible, respira, lee, bebe agua, da un paseo, ponte música, muévete... Cualquier cosa que pueda permitirte el autocuidado, recordando lo importante que es que tú estés bien para poder educar bien, que la personalidad de tu hijo/a está en plena formación y que es, en estos destapes, el cómo los gestiones lo que va a ir marcándolo en su vida hacia la persona adulta en la que queremos que se convierta. No olvides pedir ayuda si lo necesitas, porque no es tarea sencilla.

5.2. YO LO VEO DE ESA FORMA. LÓGICA PRIVADA

—Hijo, no te acerques al perro, que está asustado por el ruido de los cohetes...

—Hijo, ¡que no te acerques al perro que ya te he dicho que está asustado por los cohetes!

—Hijo, ¡pero bueno, otra vez! ¡Que no te acerques al perro, que le asustan los cohetes!

—¡Pero, mamá! ¿Acaso crees que yo parezco un cohete?

Juan, 4 años

—Hija, ¿por qué has rallado el mueble?

—Ay, mamá, porque pensaba que no lo verías.

Lucía, 5 años

—Toma, mamá, las ceras de colores, quédatelas, no las quiero nunca más.

—¿Y eso, cariño?

—Porque por culpa de ellas he pintado el suelo de la cocina.

María, 4 años

—Papá, si me dejas jugar con la consola, no me volveré a portar mal.

—Cariño, pero eso es chantaje.

—Vale, papá, si me dejas jugar con la consola, no te hago chantaje.

Mauro, 6 años

Pues estas frases, que son «tan graciosas», tan ingenuas y tan reales, son las que dicen los niños por su lógica privada... Y es que ellos entienden la realidad de otra manera.

Y a veces nos resultan graciosas, porque es una frase sin más que nos divierte; sin embargo, se nos olvida esto mismo cuando nuestro hijo se enfada porque la piruleta se ha partido en dos, o cuando removemos el colacao y él lo quería sin remover, o le hemos dado la manzana con piel, o se rompe el pan de la hamburguesa... Pues, en todas esas situaciones, también estamos hablando de lógica privada y, sobre todo, de desarrollo evolutivo. ¿Recuerdas lo que hemos hablado del cerebro? Y es que no es lo mismo tener 4 años que tener 8 o tener 12.

La lógica privada es algo propio de los seres humanos y lo que nos lleva a relacionarnos de una u otra manera. Te pongo un ejemplo:

Imagina que vas por la calle y al otro lado de la acera ves a tu vecina. Entonces sonríes, levantas la mano y descubres que no te devuelve el saludo... Y piensas:

«Qué raro... Si yo la he visto..., ella seguro que también... O no me ha visto, o no me ha querido ver... Uy, qué antipática... A lo mejor está enfadada porque el otro día le dije que no iba al parque con los niños... O porque le dije que la llamaba y no me ha dado tiempo... En cualquier caso, si ella no me saluda, yo a ella tampoco».

Lo que ha entrado aquí en juego es la lógica privada, que tiene una manera muy sencilla de proceder:

1. Percibimos: «Uy, no me ha saludado».
2. Interpretamos: «Qué raro, eso es que está enfadada...».
3. Nos formamos una creencia: «Es una maleducada».
4. Decidimos (actuamos): «No la pienso volver a saludar».

Este proceso de cuatro pasos, que por supuesto se suceden de manera fluida y no estática, tiene lugar en nosotros y en nuestros hijos a cada paso que dan. Y es que los niños están tomando decisiones continuamente. La decisión que toman, en su caso, casi siempre es la conducta equivocada que vemos, porque se basa en una interpretación errónea[2].

Recuerda que toda conducta, todo lo que hacemos en esta vida, va encaminado a un fin, a un objetivo, a una meta. La meta de los niños es que los tengamos en cuenta, solo quieren pertenecer y contribuir. Pero a los adultos nos pasa igual. ¿Te imaginas levantarte un día con la sensación de que no tienes nada que aportar? ¿Que no le importas a nadie? ¿Qué te motivaría a salir de la cama?

Los niños solo quieren que los tengamos en cuenta y no saben cómo lograrlo.

---

2   ¿Qué pasaría entonces si la interpretación fuera otra? En este ejemplo yo interpreto que no me vio, y el próximo día se lo digo. Mi pensamiento cambia; mi sentimiento, también, y por tanto, también mi conducta.

El mal comportamiento viene de la creencia equivocada de cómo lograr conexión y significado.

¿Has oído hablar del sentido común? Pues este podría ser lo opuesto a la lógica privada.

En palabras de Adler,

> ... la lógica privada es el razonamiento inventado por un individuo para estimular y justificar un estilo de vida. Mientras que por su parte, el sentido común representa el razonamiento acumulativo y consensual de la sociedad que reconoce la sabiduría de los criterios de beneficio mutuo.

En otras palabras, vemos el mundo como nosotros somos y no como realmente es. Por eso nos cuesta tanto ver otras realidades, entender al otro...

¿Quiere decir esto que la lógica privada es siempre errónea y que el sentido común es lo «lógico»? Bueno, si ves un 6 desde arriba, es un 6, pero si lo ves desde abajo, es un 9. El número será el que es, la interpretación que hacemos es lo que le da el carácter de «realidad».

¿Qué te quiero decir con esto? Se nos olvida que los niños ven el mundo de otra manera, ni mejor ni peor, distinta.

Es parte de su crecimiento y desarrollo evolutivo formarse unas u otras creencias, y según cómo actuemos nosotros, como adultos de referencia, confiables, se responderán de manera distinta a las preguntas que siempre se hacen:

- «¿Soy bueno?».
- «¿Soy malo?».
- «¿El mundo es bueno?».
- «¿El mundo es malo?».
- «¿Sirvo para algo?».

Aunque nos cueste creerlo, a los niños hemos empezado a tenerlos en cuenta tarde y nos hemos perdido muchos valores que enriquecen a las personas: la sinceridad, el valor, la transparencia, la confianza, la dulzura, el amor puro, la indefensión, la disponibilidad, la cooperación...

Quien tiene un hijo pequeño sabe de lo que hablo: un amor sin condiciones y una mirada sin pedir otra cosa que recibir el mismo amor de vuelta.

En definitiva, los seres humanos necesitamos sentir conexión y proximidad con las otras personas que nos rodean (familia, pareja, amigos...), así como sentirnos valorados, útiles y tenidos en cuenta.

Cuanto mayor es el sentimiento de comunidad, menor es la lógica privada y mayor el sentido común.

Pero ¿qué es la lógica privada? Es una forma particular de razonar ante las situaciones que se presentan. Es decir, el pensamiento característico de una persona. Te pongo otro ejemplo:

Si digo: «Es peligroso salir descalzo a la calle», esa es mi lógica privada, no es igual para todos. Y si yo digo: «Está nevando» (y no nieva), también es mi lógica privada, pero no todas las lógicas privadas son válidas.

5.3. SOLO VEMOS LA PUNTA DEL ICEBERG

—¡¡¡María!!! ¡Has vuelto a tirar el vaso al suelo! Mira que eres torpe. ¿Tú lo haces aposta? ¿Quieres que mamá se enfade o qué pasa contigo?

Y María no llega ni a articular palabra: resulta que su hermano, al pasar al lado, le ha movido el codo y ha derramado la leche…, pero la mamá de María solo ha visto la punta del iceberg: la leche cayendo al suelo.

Como María solo tiene 4 años, no ha podido decir nada cuando su madre ya ha empezado a «destaparse». Y es que la mamá de María está muy cansada, porque tiene que cuidar a dos niños pequeños que demandan mucha atención, y su jarra de energía está ya muy debilitada… Así que no puede «actuar», y últimamente lo que más le sale es «reaccionar» solo a la conducta de María, a lo que ve, a la punta del iceberg, sin poder darse cuenta de que, detrás de cada conducta, hay un porqué, una razón de ser y que, si pudiéramos prestarle atención, nos evitaría malinterpretaciones y, sobre todo, perder la conexión con nuestros hijos. Pero es que además en esos momentos se activa el radar de María:

1. Ocurre un evento: «He tirado la leche, y mi madre se enfada conmigo y me dice que soy torpe».

2. Empiezo a interpretar: «Vaya, no valgo nada, sí que soy torpe». Y se forma una creencia.

3. Siento: «Mal, muy mal, esto no es lo que se espera de mí».

4. Cómo respondo: «Vale, tengo que estar más atenta porque no lo estoy y no lo hago bien. La próxima vez no cogeré la leche yo, la pediré o esperaré a que me sirvan».

Y lo que María haga la próxima vez la llevará a una nueva interpretación, creencia, sentimiento y conducta.

Pero ¿y si la interpretación de María (punto 2) fuera otra?

1. Ocurre un evento: «He tirado la leche, y mi madre se enfada conmigo y me dice que soy torpe».

2. Empiezo a interpretar: «Esto es injusto, no era culpa mía». Y se forma una creencia.

3. Siento: «Los adultos no saben lo que pasa realmente, siento injusticia y rabia».

4. Cómo respondo: «¿Ah, sí? ¿Eso crees? Así que soy torpe y no valgo… Pues yo creo que quien no vale eres tú. Yo seguiré a mi manera; tú no sabes, no me mandas».

Y en este segundo supuesto, María actuará de una manera diferente, lo que la llevará a una nueva interpretación, creencia, sentimiento y conducta…

Entender por qué nuestros hijos hacen lo que hacen nos dará la clave para una mejor actuación en el hogar.

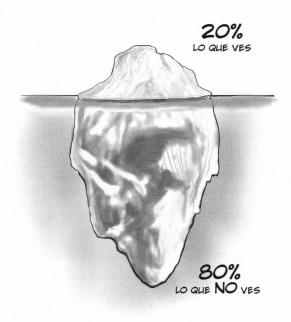

Podemos comparar la conducta con un iceberg, en el que solo vemos el comportamiento, que estaría representado por la punta que sobresale del agua, quedando oculto a nuestros ojos todo lo que está determinando esa conducta, la creencia y la interpretación que llevan al niño a tomar la decisión de comportarse así.

El 20 % que ves es la solución que busca el niño a un problema que no ves, el 80 % restante. Todo mediado por su lógica privada.

Por tanto, cuando vemos que el niño ha tenido un comportamiento inaceptable, nuestra misión es profundizar en las causas o circunstancias que lo han llevado a ello. O lo que es lo mismo: ¿qué es lo que hay debajo del iceberg y que motiva la conducta de nuestro niño?

Como padres, debemos ir más allá del comportamiento para romper ese ciclo y entender qué está pasando para que no se repita.

¿Qué hay «debajo» del iceberg?

Cada persona es un iceberg: lo que vemos y lo que no vemos. Lo que vemos es su conducta, su comportamiento, su actuación. Y lo que no vemos es la creencia, sus pensamientos, lo que lo ha llevado a actuar así.

Vamos a ver con detalle qué podría hallarse en la base de nuestro iceberg:

- Metas erróneas.
- Temperamento.
- Falta de conocimiento.
- Desarrollo madurativo.
- Dificultad en la integración sensorial.
- Necesidades educativas específicas.
- Antecedentes de trauma.
- Necesidades fisiológicas.

Veamos una a una...

Las metas erróneas

Rudolf Dreikurs, discípulo de Alfreld Adler, continuó la teoría de este y observó que, puesto que la meta de toda persona es sentir que pertenece y que puede contribuir, cuando esa persona (niño) siente que su pertenencia está en peligro, tiende a mostrar cualquiera de estas cuatro metas erróneas:

- **Atención excesiva o indebida**: «Solo cuento yo, solo soy importante cuando te mantengo ocupado conmigo». Ejemplo: «Mamá, mira… Mamá, hazme caso… Mamá, ¿te gusta? Mamá, mamá…».

- **Poder mal dirigido**: «Solo cuento o soy importante cuando estoy al mando». Ejemplo: «No, no pienso recoger los juguetes»; «No quiero»; «Tú no me mandas».

- **Venganza**: «Creo que no cuento; por tanto, hago daño a los demás porque yo me siento dañado». Ejemplo: pegar al hermano pequeño o darte un manotazo.

- **Ineptitud asumida**: «Soy inútil e incapaz. No esperes nada de mí». Ejemplo: «No, yo no sé»; «No sé hacerlo».

El sentimiento que despierta en nosotros su conducta, así como la respuesta que da el niño una vez que le pedimos que cese en su actitud, nos da la pista de en qué meta errónea podría estar nuestro niño.

No es objeto de este libro abordar las metas erróneas; sin embargo, para conocerlas en profundidad, te animo a leer más sobre el tema, porque te ayudará a entender muy fácilmente por qué tu hijo hace lo que hace (y por qué tú reaccionas como reaccionas) y, sobre todo, te dará pistas para saber cómo acabar con esas metas erróneas y que el niño sienta que pertenece de manera adecuada. Puedes encontrar más información en la web de *Infancia en Positivo* o en el libro *Cómo educar con firmeza y cariño*, de Jane Nelsen (2001).

Debajo del iceberg encontraremos, por lo tanto, las metas erróneas, puesto que los niños necesitan, además de pertenencia e importancia, reconocimiento (y cuando no lo consiguen, aparece la meta errónea de atención), poder personal (y cuando no lo tienen, surge el poder mal dirigido), justicia (o igualdad, y cuando no la sienten, aparece la meta equivocada de venganza) y competencia (y cuando no se sienten capaces, surge la meta errónea de insuficiencia asumida).

El temperamento

Todos sabemos que no hay dos niños iguales; sin embargo, muchas veces caemos en la tentación de comparar, o incluso en la creencia errónea de que deberían ser de una manera concreta: obedecer sin rechistar, hacer las tareas, ser atento, empático, considerado, cariñoso, dulce... Y las comparaciones suelen conducir a juicios y a falsas expectativas. No hay nada peor que esperar (o querer) que alguien sea de otra manera o como nosotros queremos que sea.

Según los expertos, los rasgos del temperamento son innatos y forman parte de la estructura cerebral del niño.

Hablamos de nueve elementos del temperamento. Mira a ver con cuál identificas a tus hijos:

- **Nivel de actividad**. Se refiere al nivel de actividad motora y a la cantidad de periodos activos o inactivos. Un niño «muy movido, que no para quieto», no es un niño malo que quiere cansar a sus padres, sencillamente está siendo la persona que es. Imagina un niño de temperamento con nivel de actividad lento y un padre con nivel de actividad rápido... ¿Te desespera? No es que te quiera cansar o frustrar, es que tenéis diferentes niveles de actividad en vuestro temperamento.

- **Ritmo o regularidad**. Se refiere a la previsibilidad de las funciones biológicas, como el hambre, el sueño... Comprender la regularidad puede ayudarnos a planificar el horario del niño y minimizar así los conflictos. En niños que tienen un ritmo muy regular, dices: «Es que tiene su hora cogida, y si no come, se pone muy rallante...». Saber esto te ayudará a entenderlo y, sobre todo, a actuar de manera adecuada.

- **Reacción inicial**. Su manera de reaccionar ante una situación nueva (alimentos, juguetes, personas, etc.). Puede reaccionar con expresiones (llanto, palabras, gestos...) o con actividades (salir corriendo, escupir el alimento...). Esos niños sobre los que dices: «Es que es sacarlo de lo que conoce... y no hay manera».

- **Adaptabilidad**. Manera de reaccionar ante una situación nueva a lo largo del tiempo, capacidad de ajuste y de cambio. ¿Tienes algún niño en casa que no lleva nada bien los cambios? Y te oyes a ti misma diciendo cosas como: «Nada, que no le gustan los cambios».

- **Umbral de respuesta sensorial**. Se refiere al nivel de sensibilidad a estímulos sensoriales que afectan a la manera de comportarse y ver el mundo. En algunos casos, el cerebro del niño puede presentar dificultades para integrar la información sensorial. El tiempo y la experiencia son claves para conocer la sensibilidad del niño.

- **Cualidad del humor**. Niños que encuentran inconvenientes en todo, mientras que otros reaccionan a la vida con placer. Niños que ven más el lado negativo de las cosas: «Mira que es rancio el niño..., que siempre está enfadado». ¿Te suena lo de «Se enfada por todo, nada le parece bien»?

- **Intensidad de la reacción**. Entender que los niños reaccionan con distinto grado de intensidad a los estímulos puede ayudar a gestionar los comportamientos con más calma: «Uy, no veas cómo se pone por nada».

- **Facilidad de distracción**. Manera en la que los estímulos externos interfieren en el comportamiento presente del niño y su voluntad (o la falta de ella) para distraerse: «Es que es pasar una mosca y ya se despista».

- **Persistencia y capacidad de atención**. Voluntad del niño de insistir en una actividad, a pesar de los obstáculos o dificultades que tenga. Un niño con poca capacidad de atención y constancia no presenta necesariamente un TDAH: «Es terco, terco, que no hay manera, oye. Cuando se le mete algo en la cabeza...».

Llegado este punto de conocimiento, las preguntas que nos podemos hacer son las siguientes:

- ¿Son tan poderosos el temperamento y la determinación genética?
- ¿Tenemos algún tipo de influencia los padres sobre los niños? Y si la respuesta es afirmativa, ¿es importante lo que hagamos?

La respuesta es sí. Aunque el niño herede ciertos rasgos y tendencias a través de los genes, su desarrollo no está fijado y puede, a través de la interacción con los demás, formar la persona en la que se va a convertir el día de mañana (la epigenética nos dice que no está todo determinado desde el nacimiento).

Comprender el temperamento nos sirve para fomentar la aceptación en lugar de crearnos expectativas poco realistas. Por ejemplo, si yo sé que mi hijo tiene un temperamento de adaptabilidad bajo, cuando vayamos de viaje en el coche y diga: «¿Cuánto falta? ¿Queda mucho? ¿Por dónde vamos? ¿Y cuánto vamos a tardar?», ya no responderé con un: «Ay, hijo mío, qué pesado eres. Hartita me tienes. Cuando lleguemos, hemos llegado, duérmete y deja de dar la tabarra un ratito», sino que le diré: «Cariño, ¿quieres ver en el mapa por dónde estamos pasando? Mira, hemos salido a las 10:00 y tendremos que llegar a las 12:30. ¿Quieres ir mirándolo en el reloj de la radio? Avísame, si quieres, cuando veas el cartel de Manzanares, porque ese es el desvío que tenemos que coger».

Todos los padres debemos reconocer y aceptar la manera en que el temperamento, las expectativas, deseos y sueños de los niños difieren de los nuestros. Del mismo modo, debemos ser conscientes de que esto explicaría por qué unos métodos funcionan con unos niños y otros métodos distintos con otros.

Por lo tanto, el cambio de actitudes, relaciones y comportamientos siempre es posible, aunque también es cierto que va siendo más difícil a medida que los niños van creciendo.

Con este breve apunte sobre el temperamento puedes hacerte una idea de cómo los temperamentos de padres e hijos se correlacionan. ¿Imaginas cómo el rasgo de nivel de actividad alto de un niño puede «chocar» con un nivel de actividad bajo en el adulto?

Falta de conocimiento

También encontramos debajo del iceberg una posible falta de conocimiento de una conducta adecuada. ¿En cuántas ocasiones la falta de entendimiento o de conocimiento sobre cómo deben actuar nos ha llevado a interpretarlo como «una mala conducta»?

Como adultos, en la mayoría de las ocasiones, damos por hecho que el niño está entendiendo lo que estamos diciéndole y que sabrá hacer lo que le pedimos.

Sin embargo, muchas veces damos por hecho que el niño sabrá cómo tiene que comportarse en una situación sin darnos cuenta de que realmente no sabe o no puede. Por ejemplo, en una biblioteca, a los niños pequeños les cuesta mucho guardar silencio o hablar bajito. Y no porque sean malos o se porten mal, sino porque aún no pueden modular su tono de voz o respetar la norma del silencio.

Desarrollo madurativo o retraso en el desarrollo

Nos referimos aquí a los planos de desarrollo en cada etapa de la vida y que es importante conocer para saber qué podemos esperar o pedir a nuestros hijos.

A continuación, se muestra el cuadro del desarrollo basado en las etapas de Erik Erikson, desde el nacimiento hasta los seis años, a modo de orientación sobre lo que es esperable según qué edad:

Edad	Etapa	Trabajo de los padres	Convicción con que crece el niño
0 meses – 18 meses	Confianza vs. desconfianza	Responder a las necesidades del niño, sobre todo alimento, descanso y contacto físico. Crear un ambiente seguro y cariñoso.	«Estoy a salvo, soy amado y puedo confiar en mi entorno». o «No confío, no soy amado y/o mi entorno no es seguro».
18 meses – 3 ½ años	Autonomía vs. vergüenza y duda	Entender que ellos son capaces: «yo puedo». Ofrecer opciones seguras. Proveer un ambiente seguro para explorar. Evitar la lucha de poder. Aprender a decir sí en lugar de no.	«Yo soy yo y puedo elegir mis opciones. Me siento estimulado por los que me rodean». o «Elijo malas opciones y soy demasiado chiquito para cuidarme a mí mismo».
3 ½ años – 6 años	Iniciativa vs. culpabilidad	Proveer un ambiente rico y estimulante con nuevos desafíos y opciones. Balancear juegos activos y pasivos. Estimular tanto el desarrollo del lenguaje como el motriz y cognoscitivo.	«Puedo hacer cosas creativas y trabajar con dedicación y concentración; soy curioso». o «Todo lo hago mal. No sirvo para nada; cualquiera lo hace mejor que yo».

El desarrollo de un niño está en estrecha relación con su capacidad, la interpretación de la realidad, la comprensión del mundo que lo rodea y lo que percibe. Como educadores, no debemos olvidar que los niños pequeños no perciben los acontecimientos de la misma forma que lo hacemos los adultos, no por un mal comportamiento o por falta de inteligencia, sino por su proceso de desarrollo (físico, emocional, social, lingüístico…).

DIFICULTAD EN LA INTEGRACIÓN SENSORIAL

Este es otro aspecto a tener en cuenta cuando tratamos en el hogar con niños pequeños. Si lo hacemos con niños más mayores, también pueden venir «arrastrándolo» de etapas anteriores.

¿Sabías que, según un reciente estudio, entre un 15 y un 20 % de la población procesa la información sensorial que recibe de manera diferente al resto? Es lo que se conoce como una mayor sensibilidad en el procesamiento sensorial: alta sensibilidad o personas altamente sensibles (PAS, o NAS en el caso de niños).

Se trata de una característica o peculiaridad del individuo para procesar la actividad sensorial del entorno. Pese a tener ese nombre (PAS), no se trata de ningún trastorno o anomalía.

Las características principales de las personas altamente sensibles hacen referencia a:

- Una mayor percepción de la información sensorial. Se da cuenta de detalles que para otras personas pasan inadvertidos.

- Dispone de más actividad en sus neuronas espejo, por lo que su capacidad de empatía es mayor.

- Pensamiento más elaborado y profundo.

- Mayor interés y desarrollo de tareas creativas o artísticas.

Detectar si uno de tus niños es altamente sensible te permitirá entender rasgos importantes de su conducta. Por otro lado, la alta sensibilidad tiene muchos aspectos positivos, aunque esa profundidad de procesamiento los lleva a percibir las sutilezas que para otros pasarían inadvertidas, pudiendo llegar a saturarlos o estresarlos si se dan en exceso o con alta intensidad.

Un niño altamente sensible necesitará, cada cierto tiempo, periodos de breve descanso para volver a recuperar el equilibrio biológico y centrarse de nuevo en su tarea.

NECESIDADES EDUCATIVAS ESPECÍFICAS

Hablamos de discapacidad (visual, auditiva, intelectual, física, etc.); trastornos graves del desarrollo; trastornos de la comunicación; trastorno del espectro autista; trastornos graves de conducta; trastorno de déficit de atención con/sin hiperactividad; enfermedades raras y crónicas; altas capacidades; dificultades en la lectura y escritura (dislexia, disgrafía, discalculia...), y dificultades por retraso en el lenguaje.

ANTECEDENTES DE ALGÚN TRAUMA

Cuando hablamos de trauma, nos referimos a cualquier conducta en la que el niño haya sufrido abuso o abandono y que es vivida como amenaza. Existen estudios en los que se recogen los siguientes indicadores de trauma en la infancia:

- Situaciones continuas de maltrato, hasta el punto de cronificarse.
- Niveles educativos bajos y enfermedades mentales de los padres.
- Comportamiento sexual de riesgo, obesidad y comportamiento criminal desencadenado por el trauma.
- Situaciones de abandono o abuso físico o sexual.

Las conductas que se desarrollan en esas edades quedarán automatizas y derivarán en patrones que se repetirán en la edad adulta. Al igual que ocurre con la conducta de apego recibida en la infancia por parte de los cuidadores, se verá repetida en la relación de pareja.

Una dificultad en la regulación emocional, consecuencia, por ejemplo, del abandono o maltrato, será transferida a la edad adulta.

NECESIDADES FISIOLÓGICAS

¿A qué nos referimos con esto? Hambre, sueño, problemas físicos, enfermedades y un largo etcétera.

¿Te ha pasado alguna vez que has notado que, en según qué momento del día, el niño está especialmente más movido, apagado o poco receptivo, y que esos momentos coincidían con el tiempo anterior a irse a la cama, cambiar de actividad o con que al día siguiente no asistía a clase porque se había puesto malo?

Todas estas cosas también están debajo del iceberg y son pistas para entender la conducta de un niño.

Imagina que estás haciendo la cena con prisa, porque es tarde, pendiente de que los niños vengan a cenar, y cuando te das la vuelta, escuchas un: «¡Mamáááá, mi hermano me ha pegado!». ¿Qué haces entonces? Pues atiendes la conducta y vas derecha al que ha pegado, a regañarle, castigarlo o gritarle, y le dices: «Mañana ya no tienes dibujos. Estás castigado».

Así, sin preguntar, sin saber que Juan le ha dado sin querer con el codo al ir a coger un juguete, que le ha pegado porque le estaba sacando la lengua o le estaba dando con el pie y le ha pedido que parara, porque está aburrido y ha pensado que así llamaría la atención de su hermano...

Sea del modo que sea, nuestra actuación es reactiva y rápida. Quizá porque no tenemos tiempo para «pararnos» y ver qué hay debajo; sin embargo, si lo piensas, cuando tienes un niño que reiteradamente está «portándose mal», es porque necesitas pararte y tomarte ese tiempo; si no, nada va a cambiar, y lo que ocurrirá en tu día a día es que seguirás siendo «interrumpido» y alterado por ese niño. Y se nos habrá pasado por alto que había una necesidad fisiológica no cubierta (hambre, sueño, higiene, etc.).

5.4. TODOS TENEMOS UN VOLCÁN DENTRO

Y los niños también.

Así es. Cuántas veces llegamos al trabajo, a la puerta del colegio, a un taller, a nuestra pareja, y decimos: «Hay que ver cómo es…, no sé a quién habrá salido» (que en el fondo sí lo sabes, y también sabes a qué familiar te recuerda cuando no se está «portando bien», y suele ser al familiar con el que vive…, no al tío ni al primo lejano del pueblo, por mucho que te empeñes; se parece a aquel con el que convive, por mucho que no te guste…).

¿Qué me responderías si te digo que podemos comparar todo comportamiento con un volcán que puede entrar en erupción en cualquier momento? Probablemente, que estás totalmente de acuerdo. Y es que somos «volcanes» andantes a punto de estallar, hoy día no lo pone nadie en duda. A no ser que tengas la suerte de vivir en una zona idílica, sin prisas, presiones ni estrés; en ese caso, estoy segura de que no estarías leyendo este libro.

Por tanto, podemos fijarnos en la conducta de nuestro hijo teniendo en mente su representación en un volcán (comprobarás que esto es totalmente válido para los adultos también).

Imagina que uno de tus hijos pega, empuja, grita, tira un vaso, muerde, insulta... Esto que vemos es un volcán que ha entrado en erupción, hemos llegado al final, a la consecuencia. Ha explotado. Pero ¿qué había antes de que eso ocurriera? ¿Cuál habrá sido el detonante?

Enseñar a tus hijos la conducta con el símil del volcán les permitirá ser más conscientes de sus emociones, sensaciones y pensamientos, logrando así un mayor autoconocimiento y las bases de un autocontrol (y también te servirá a ti como adulto). Este símil está sacado del libro de Daniel Siegel *El cerebro afirmativo del niño* (Siegel, 2018).

Vamos a ver ese volcán dividido en tres zonas:

La boca del volcán: zona roja

ZONA ROJA

Ya sabemos que enfadarse no es malo, que tener sentimientos de rabia, ira, enfado, tampoco. Las emociones se sienten, no se pueden evitar. No podemos decirle a alguien: «Oye, no sientas dolor».

Lo que sí podemos hacer es ayudarlos o enseñarles a gestionar esa emoción de manera adecuada, a canalizarla de tal manera que no suponga un peligro para él mismo y para el resto; para ello, deberemos enseñar opciones respetuosas.

Cuando un niño, como decíamos en el ejemplo anterior, estalla en forma de gritos, empujones, rompiendo cosas, su estado emocional ha llegado al máximo y ha entrado en lo que se conoce como la «zona roja».

La intensidad de la sensación es tal que el niño se siente desbordado por sus emociones y le cuesta mantener la calma y la serenidad.

No solo el comportamiento nos indica en qué zona se encuentra el niño, sino que también se dan unas señales físicas inequívocas: respiración agitada, latido cardíaco más rápido, mandíbula apretada, puños tensos, aumento de temperatura corporal, ronchas o rojeces en la cara...

Científicamente hablando, lo que ocurre es que el cerebro inferior (primitivo, reptiliano) toma el mando, se hace cargo de las emociones y de la conducta, entrando el sistema nervioso autónomo en una hiperexcitación, activando una respuesta de estrés agudo. En este estado, como he comentado, el cerebro primitivo se pone al mando del cuerpo del niño, de su conducta y de sus emociones. Lo que veremos como resultado será la «explosión»: gritos, mordiscos, agresiones, llantos, risas inapropiadas, temblores...

¿Entiendes ahora el porqué de muchos comportamientos de tus hijos?

Dando un paso más, muchos de los comportamientos por los que son castigados los niños no son otra cosa que síntomas de la zona roja y que, por tanto, escapan al control de los propios niños.

No escogen comportarse de esa manera, han perdido toda capacidad de control y de la toma de decisiones apropiadas, no pueden «dejar de chillar», ni «dejar de comportarse así», ni «calmarse ahora mismo»...

Están en manos del cerebro primitivo, reptiliano, instintivo. Esto también nos sucede a los adultos, seguro que recuerdas alguna situación entre adultos en la que la conducta de alguno parecía un «volcán en erupción».

Recuerda que, cuando vemos salir lava y fuego por un volcán, es porque en la boca del mismo ha subido mucho la temperatura... Así que, si veo que mi hijo muerde, empuja o pega a su hermano, esto me da la pista de que puede haber celos, enfado, rabia, sentimiento de injusticia…

La ladera del volcán: zona verde

En esta zona, lo que nos encontramos es un niño en estado de calma, de control de sus emociones, de toma de decisiones adecuadas, de buen comportamiento y con una mayor receptividad para el aprendizaje.

Cuando una situación los altera, son capaces de mantenerse en la zona verde, encontrando nuevas y más productivas maneras para responder a los desafíos.

Aquí sentirán igualmente todas las emociones, tales como la frustración, el enfado, la tristeza, la decepción y muchas más, pero no necesitarán salir de su ventana de tolerancia (zona verde) para expresarlos, sino que son procesados, canalizados y gestionados adecuadamente.

Por lo tanto, para que nuestros hijos sean más equilibrados y mantengan la serenidad y la compostura, tendremos que ayudarlos a aumentar su ventana de tolerancia y a ampliarla progresivamente.

La parte oculta del volcán: zona azul

Esta es para mí una de las zonas más preocupantes, donde se asientan emociones que no afloran, pero que no dejan de afectar a la conducta y al comportamiento del niño.

Hay numerosas formas de enfadarse, de sentirse molesto o dolido, pero aún hay otras muchas más de demostrarlo u ocultarlo.

Muchos niños se enfadan sin entrar en la zona roja, y su falta de control los manda a la zona azul, una zona en la que se reprimen emocionalmente, se aíslan, se callan o se apartan de la situación.

Los síntomas físicos son muy diferentes a los de la zona roja:

- Descenso del ritmo cardíaco y presión sanguínea.
- Mirada baja o esquiva.
- Respiración lenta.
- Postura de desgana.
- Sin fuerza.

En esta zona lo que veríamos es una hipoexcitación. Al igual que ocurría en la zona roja, el sistema nervioso es el que determina de manera automática la conducta más adaptativa a esa situación en función de varios factores, como el temperamento, las circunstancias actuales o los recuerdos de experiencias pasadas.

Entonces, ahora que sabemos todo esto, que nuestros hijos pueden estallar igual que un volcán, explotando o implosionando hacia adentro, ¿qué podemos hacer los padres?

Puesto que todo conocimiento tiene una finalidad, conocer que la conducta es como un volcán nos sirve para ayudar a nuestros hijos (y a nosotros mismos) a controlar lo que pasa antes del desenlace final.

Para ello, lo primero que deberíamos hacer es hablarles de este volcán, explicándoles sus partes y el significado de cada una de ellas. En la literatura tienes además el soporte de cuentos para ayudarte a hacerlo. Te recomiendo el de *Tengo un volcán* (Tirado, 2018), o cuentos cortos, como los de *De mayor quiero ser feliz* (Morató, 2018), con los que podrás ayudar a tus hijos a ser más conscientes de lo que les pasa e incluso de lo que me pasa a mí, para así poder ayudar a nuestro volcán a no estallar.

6.
RETOS DE UNA EDUCACIÓN RESPETUOSA

Pues bien, una vez que hemos visto la parte más teórica, vamos ahora a lo concreto, al cómo, al qué hago si mi hijo hace…

He querido recoger en esta parte del libro algunos de los retos más habituales que me he encontrado a lo largo de mi crianza y, sobre todo, los que me han ido llegando a través de los padres que han asistido a mis talleres, seminarios, consultas *online*…

Podría haber muchísimos más, porque, si eres padre o madre, imagino que sabrás que la educación en general ya es un reto lo suficientemente grande como para dedicar más de un libro, pero también sabrás que lo normal no es comerse el filete de carne o de pollo entero, sino trocearlo para comerlo en pequeñas porciones y no atragantarnos, así que esto es lo que vamos a hacer con los retos que encontramos día a día en la crianza.

Te animo, por tanto, antes de empezar a leer los retos que he recogido en este libro, que anotes los tuyos propios, para que puedas ir viendo, a medida que avanzas en la lectura, cuántos de ellos están recogidos aquí y cuántos de ellos, sin estar recogidos, también los puedes abordar con estas pautas que te doy.

RETOS EN ESTE LIBRO	TUS RETOS
• Alimentación • Adolescencia • Amigos • Autoestima • Baño • Celos • Control de esfínteres • Dientes • Deberes • Emociones • Frustración • Insultos • Llanto • Mentiras • Miedos • No • Nuevas tecnologías • Rivalidad entre herma-nos • Rabietas • Sueño • Tareas del hogar	

ALIMENTACIÓN
¿POR QUÉ TODO ES UN PROBLEMA PARA COMER?

—Venga, todos los días lo mismo. No puede ser siempre la misma historia... Yo es que ya no sé qué hacer contigo. Te lo comes, ¿eh? Si no, te lo cenas, y lo digo en serio... Mira que lo guardo y lo tienes para luego, y si no, te lo desayunas. A ver si crees que voy a cocinar para que luego no te lo comas... Venga, anda, come un poco, al menos pruébalo... De verdad, que yo no sé... ¿Vamos a estar así todos los días? Porque yo ya me enfado... ¿Es que te gusta ver a mamá enfadada?

—Es que mi hijo siempre quiere comer lo mismo. Da igual lo que le ofrezca, no hay manera de que pruebe cosas nuevas, y encima, si le insistes, dice que ya no come nada. Yo ya estoy desesperada y acabo por darle lo que pide, que suele ser un yogur o unas galletas. Y es que, si por él fuera, no comería nada. No puedo hacer eso de no darle otra cosa, porque podría estar sin comer días.

Los problemas a la hora de comer son más habituales de lo que pensamos y uno de los mayores quebraderos de cabeza de los padres, porque la salud está en juego, y el miedo a la enfermedad siempre está presente.

¿Realmente va a morir nuestro hijo por no comerse la última cucharada de yogur? Esa que siempre le decimos: «Venga, una más, la última», como si esa última fuera la que realmente lo alimentara...

Vivimos en pleno siglo XXI, en una sociedad moderna, consumista, diría yo, y en la que comemos más de lo que necesitamos... Nuestros hijos no van a morir de inanición, porque no estamos en el tercer mundo. Es más, yo diría que

hoy día comemos hasta cuando no tenemos hambre, solo por el simple hecho de «relacionarnos» o de calmar la ansiedad, tensión, problemas, etc. Hemos creado alrededor de la comida toda una costumbre, alejándonos de la idea principal: estar sanos, bien alimentados. Y por otro lado, hemos «absorbido» lo que vivimos en la infancia sobre la comida. Cuántas veces habré oído: «Es muy mala comedora… Yo también lo era… Bueno, en realidad, lo sigo siendo, pero ahora a través de mi hijo» (¿podría ser que he hecho mías las dificultades de la comida de mi hijo que quizá no sean para tanto?). Sin embargo, hay muchos problemas alimentarios reales que necesitan asistencia médica.

Recuerdo que mi madre me contaba que mi hermana pequeña estuvo a punto de morir cuando tenía apenas unos meses porque no comía y no dejaba de llorar. Según parece, mi hermana estuvo llorando casi seis meses sin consuelo y apenas sin probar bocado… Aun así, salió adelante, con apenas comida, y resulta que su negativa a comer no era otra que un dolor muy grande al tragar que le impedía comer y que la tenía totalmente asustada para probar bocado. Unos seis meses tardaron en darse cuenta, porque lo único que veían es que se negaba a comer, y las pruebas que le hacían tenían más que ver con el estómago y la digestión que con la ingesta o la garganta.

¿Por qué te cuento esto? Pues porque a menudo se nos olvida que, cuando un niño no quiere comer, siempre hay un motivo. Unas veces será un motivo que nos parezca adecuado y se lo permitiremos (por ejemplo, que no tenga hambre porque haya merendado mucho, o que no quiera comer porque se caiga de sueño), y otras tantas pensaremos que no hay motivo para no querer comer e insistiremos para que lo haga.

Las dificultades con la alimentación van cambiando a medida que avanza la edad de nuestros hijos, así como la gravedad o seriedad de las mismas.

Cuando estamos hablando de un recién nacido que no come, tenemos que valorar su salud con una visita a pediatría, poniéndonos en manos de especialistas, porque su salud o supervivencia puede estar en juego.

Cuando los niños tienen mayor autonomía, en cuanto a alimentación se refiere, los problemas alimentarios deben diferenciarse: asociados a una causa física u orgánica y conductuales. En el primer caso, solo un especialista podrá darnos un diagnóstico para encontrar una solución.

En el segundo, somos nosotros, los padres, los que tendremos que revisar patrones adquiridos (esa mochila que todos llevamos a nuestras espaldas) y que nos impiden ver la situación con objetividad o desde la calma.

¿Por qué un niño se negaría a comer?

1. Porque no tiene hambre.
2. Porque no le gusta lo que le ofrecemos.
3. Porque no se encuentra bien (física o psíquicamente).

A veces, las negativas a comer la comida que ponemos en casa se resuelven con el simple hecho de involucrar a nuestros hijos en la realización de la comida. Podemos involucrarlos en la cocina desde los 18-20 meses. Pedir su ayuda, colaboración y aportación les permitirá aprender muchas habilidades: secuencias, motricidad fina, creatividad…, incluso puede ser una oportunidad de diversión juntos. Las prisas, el sentir que las cosas deben hacerse para «acabar cuanto antes», nos hacen perdernos la magia del proceso, eso con lo que disfrutan los niños: para ellos, el camino es tan importante como la meta.

En este caso, además, si los niños sienten que su opinión es tenida en cuenta y que pueden colaborar, será más probable que en los momentos de las comidas haya menos resistencias.

Desde los 18-20 meses (hay personas que creen que esto empieza con 18 o 20 años), pueden hacer medidas, verter líquidos, pesar, batir, apretar botones, cascar un huevo, probar la comida, etc.

También pueden seguir un libro de recetas sencillas, con imágenes o dibujos, o incluso ver videos de cocina.

Al principio, y cuando sean pequeños, estaremos con ellos, permitiendo que hagan pequeñas tareas, como pasarnos la cuchara o el trapo, para, cuando empiecen a tener soltura, permitirles hacer el zumo de naranja, pelar una zanahoria, batir un huevo…

Planificar el menú semanal con ellos también es una forma de evitar resistencias o quejas en las horas de las comidas o cenas («¿Recuerdas, cariño, que planificamos la crema de calabaza para hoy?»). Incluso podéis acordar que un día a la semana ellos se encarguen de preparar la cena o el postre para toda la familia (bueno, lo puede hacer solamente para él/ella, pero, de esta forma, le estaremos enseñando a ser independiente, mientras que, de la otra, también a cooperar y desarrollar su interés social).

La mejor manera de involucrar a los hijos y hacerlos responsables de su alimentación es permitiendo que hagan por sí mismos aquello para lo que están capacitados, y en lo que no lo están todavía, enseñarlos para ir desarrollando esas habilidades. Si nos da miedo que utilicen utensilios más peligrosos (vitrocerámica, horno, batidora), podemos hacerlo con ellos y enseñarles cómo deberían manipularlos, siempre bajo supervisión adulta, hasta que tengan capacidad suficiente para practicar solos. Prohibirles hacer algo sin más solo puede llevar a que no aprendan y se vean incapaces, o a que, por otro lado, sientan el impulso de usarlos y tengan un accidente.

RECUERDA

- ✓ No a todos nos gusta comer las mismas cosas ni la misma cantidad. Sé tolerante con las diferencias.
- ✓ Permíteles aportar ideas para el menú semanal.
- ✓ Enséñales que cocinar también implica recoger después; así entenderán que ambas acciones van unidas para pasar un tiempo juntos y divertido.
- ✓ Muéstrales que los errores sirven para aprender y cómo se deben reparar. No intentes evitar que ocurran, son parte del proceso.
- ✓ Desde muy pequeños podemos hacerlos partícipes

del desayuno para llevar al colegio, que preparen en su mochila lo que vayan a tomar a media mañana.

- ✓ Cuando vayáis de compras al supermercado, permíteles que escojan los alimentos de la lista y llega a acuerdos sobre qué pueden comprar y qué no. A veces, echarán en la cesta productos que no quieras que coman; en tal caso, negocia con ellos, o, según la edad, deja que lo echen en la cesta para, antes de llegar a la caja, sacarlo. Cuando esté predispuesto a escuchar, recuérdale lo que habíais acordado para comprar o no. Pero no lo hagas en pleno «secuestro amigdalar». Esto lo veremos con más detalle cuando lleguemos al capítulo de las rabietas.

- ✓ Toca desaprender: la cocina no tiene por qué pertenecer exclusivamente a los adultos, mientras los niños se limitan a ser meros espectadores de lo que les servimos. Con práctica y entrenamiento, los niños pueden disfrutar de la cocina y preparar recetas de platos sencillos (macarrones, lentejas, etc.).

- ✓ No trates de obligar a tu hijo a comer ningún alimento. No podrás, a no ser que el deseo de tu hijo por no defraudarte y complacerte sea más grande que su propio instinto (¿te he contado alguna vez que mi hijo se comió la lechuga en el colegio porque le dijeron que le daban un premio y, al cabo de dos trozos, vomitó todo? Él lo intentó porque el deseo por el premio fue mayor que su reticencia a comer lechuga, y su cuerpo la echó fuera). Sé que a veces la desesperación nos puede llevar incluso a amenazas que no vamos a cumplir (y de verdad deseo que no las cumplamos…), diciéndole al niño que, como se le ocurra vomitar, se lo damos de nuevo. A veces los padres nos quedamos sin recursos, y el miedo que tenemos a que nuestro hijo enferme se apodera de nosotros, y en vez de enfocarnos en soluciones, lo que hacemos es dejarnos llevar por la emoción: miedo.

✓ En el fondo, lo que queremos es que nuestros hijos aprendan a comer bien, que adquieran hábitos saludables. Para que puedan desarrollar un gusto por los alimentos, es necesario permitirles su propio ritmo, no les debemos presionar para comer ni tampoco prepararles una comida especial cuando no quieran la que hemos servido.

✓ Confía en que la mayoría de los niños van a cambiar su hábitos alimenticios mucho más rápido si no hacemos un drama o un problema del momento de la comida.

✓ Intenta recordar estas tres premisas: no negar, no ofrecer, no tener.

✓ Cuando los niños son pequeños, se les hace muy difícil evitar la tentación de comer nocilla o galletas a deshoras, pero eso solo pasa de pequeños. Cuando ya tienes 40 años, eres capaz de resistirte a esos dónut *fondant* que tienes en el segundo estante de la nevera, detrás de la verdura, que sabes que ahí tu hijo de 12 años no va a mirar y tú no has pensado en comértelos mientras ves una serie en el sofá por la noche… Bueno, esto es un ejemplo que nada tiene que ver con la realidad… Volviendo a lo que nos ocupa… Te ahorrarás muchas luchas si no tienes esa clase de alimentos que además sabes que realmente no alimentan ni sustituyen ningún tipo de comida necesaria para su crecimiento. No, no sirve eso de «Al menos que se coma una galleta y no vaya con el estómago vacío…», pues va a depender de la galleta que sea o no mejor que vaya sin nada en el estómago.

ADOLESCENCIA
ADOLESCENTES EN CASA... ¿ME VOY YO?

—¡Ay, Dios mío! Tú no sabes lo que es... Que tengo un adolescente en casa... Qué digo un adolescente, es un inquilino que no paga alquiler y que encima no hay manera de echarlo de casa. Vive a cuerpo de rey y se gasta un carácter que cualquiera le dice nada. Estamos ya desesperaditos. Sus hermanos, los pobres, aguantando sus desplantes, sus malas contestaciones, el no saber si va a estar de mal o buen humor... Yo creo que eso es lo peor, que no sabes por dónde te va a salir... Que lo mismo te dice que quiere hacerse cura (que, oye, a mí plin), que te dice que se va a embarcar en un velero a recorrer el mundo ayudando a Green Peace. Que yo no me entero de nada, que su padre está anticuado y que estamos en la inopia, ni a la moda ni en la onda. Así que se pasa el día colgado de «sus cosas»: sus amigos, su música, sus videojuegos, su mp3..., y horas interminables en el baño..., cuando decide bañarse, claro.

Pues, efectivamente, esta es la clave de todo, la información. Si yo sé lo que va a venir, lo voy a vivir como lo que es, con más conexión y, sobre todo, con mirada cautelosa y de compasión.

¿Ya se te ha olvidado qué era ser adolescente? ¿Cómo fue tu adolescencia?

La adolescencia es una de las etapas más cruciales de la vida. Si los primeros tres años de vida tienen un impacto grandísimo en la personalidad, la adolescencia marca un antes y un después.

1. Si eres de los que se sorprenden mirando a su hijo sin reconocerlo, encontrando distancia y añorando al niño que fue...

2. Si el miedo se apodera de ti y recurres al control extremo, a que se haga lo que tú digas, cuando tú digas y cómo tú digas, y te asusta que no se cumpla lo dicho...

3. Si eres de los que se pasa el día rogando que cambie su actitud, pidiendo que sea más considerado, preguntándote por qué es así.

4. Si lo sobreproteges para que todo salga bien, para que no se equivoque, para no tener que lamentar...

5. Si eres de los que ya lo ha intentado todo, no tienes más con lo que amenazar, chantajear, sobornar, castigar...

Si cumples alguna de estas premisas, esto te interesa.

La adolescencia es un proceso, tiene un principio y también un fin. Un proceso que no es lineal, con sus altos y sus bajos, con su momento cumbre en torno a los 13-14 años y con un declive unos 5 años o 5 años y medio después.

Sí, así es, la adolescencia también se acaba, y esta etapa que ahora estás viviendo (sufriendo) llegará a su fin. Hay adolescencias más rebeldes o más sumisas, pero todas ellas son necesarias.

Si eres de los que quieren adolescentes que se conviertan en adultos responsables, enhorabuena, tenemos mucho que hacer...

Primero de todo toca volver a recordar que el cerebro de los niños funciona de manera diferente al de los adultos. Pues bien, cuando nuestros hijos llegan a la adolescencia, también se produce un cambio a nivel cerebral.

Por un lado, se producen cambios a nivel de estructura, con el objetivo de ser un cerebro más integrado, con sus diferentes áreas mejor interconectadas. Comienza a haber un mayor flujo de información, pero sin mucho control por su parte; es como si tuviera un Ferrari sin frenos (de ahí su impulsividad y que no pueda «controlar» sus explosiones). Los axones de la mielina se recubren, lo que hace que gane en agilidad y rapidez en el procesamiento de la información, pero sin «filtro».

Por otro lado, se produce una poda neuronal: todas aquellas conexiones básicas que el cerebro creó (en exceso), pero que ahora no se usan, las elimina. De esta forma, si nuestro hijo era muy bueno dibujando, pero deja de hacerlo en la adolescencia, las conexiones que tenía hechas sobre el dibujo su cerebro las eliminará, y si de mayor quisiera volver a dibujar, notará que ha perdido mucha habilidad y que le va a costar más o se le va a dar peor. De tal manera que, cuantas más experiencias importantes de la vida obtenga, más conexiones neuronales se crearán, haciendo que su cerebro se desarrolle aún más y mejor.

Así, cuantas más conexiones integradas haya, se adquieren más habilidades positivas, tales como:

- Ver las situaciones de manera más amplia, con un panorama más general que le permita conocer mejor la situación y, en función de ello, tomar una mejor decisión.

- Ser capaz de considerar una respuesta impulsiva, identificarla y modularla.

- Tomar decisiones basadas más en la experiencia o intuición.

- Hacerse preguntas esenciales sobre el sentido de la vida con pensamientos más creativos.

- Si lo vemos bien, tendremos delante de nuestros ojos a un adolescente con mucho potencial.

Sin embargo, ser padre de adolescentes hoy no es un camino fácil. Requiere conocimiento y, sobre todo, un cambio de actitud. Te doy algunas claves que te pueden hacer el camino más llevadero, pero hacerlo tendrás que hacerlo, por eso va a ser muy importante cómo quieras vivir esta etapa, si como una época de sufrimiento, rebeldía, lucha…, o una etapa con muchas situaciones por descubrir, crecimiento personal, autoafirmación, individualización…

1. Es muy fácil caer en el «juego» del adolescente. Su misión es «provocarte» (y no lo hace aposta, es lo que le toca), y lo consigue cada vez que te lo tomas como algo personal. Cuando dice: «Estos macarrones están asquerosos», realmente no son tus macarrones, porque tus macarrones son los mismos; el que está cambiando

es él. No te lo tomes como algo personal. El proceso de pensamiento y la capacidad de manejar las emociones suponen para él todo un desafío. Aún no tiene la empatía totalmente formada, está en ello. Y que te rechace es parte de su proceso (ya sabes que tiene un principio y un final), y si hacemos bien este proceso, cuando llegue el final, volverá como si nada, como si no se hubiera ido. Porque realmente es lo que tiene que hacer, separarse, irse, emocionalmente para luego poder volver como joven y, posteriormente, como adulto. Nosotros nos quedamos ocupando el lugar del copiloto.

2. Permítele tener su espacio. No te puedes ir de la vida de tu adolescente ni tampoco quedarte en la misma forma en que estabas antes, tienes que seguir ahí, pero de otro modo. Cuando te pida estar solo, aléjate, permíteselo, y lo más difícil todavía: cuando venga a buscarte, muéstrate disponible (incluso cuando a las diez de la noche, después de llevar todo el día ignorándote, necesita hablarte, aunque te diga: «Mamá», y tú le respondas: «¿Qué? Dime, hijo», y él te conteste: «Nada, mamá, da igual»).

3. No pierdas la conexión, muestra interés por las cosas que le gustan (sí, te hablo de ese videojuego nuevo o ese grupo de música impronunciable. Recuerda que esto es pasajero y no recordará lo que le gustaba, pero sí si estuviste o no a su lado).

4. Esto implica aceptar al adolescente que nos ha tocado tal cual es y al adulto en el que se está convirtiendo (y no, no se va a quedar así como lo ves ahora, esto es como cuando tenía 5 años y se pasaba el día vestido de Batman, ¿te acuerdas? Pues la adolescencia es un traje que se está probando. ¿Acaso tú eres ahora igual que cuando eras adolescente?). Seguramente, puedas aprender mucho si dejas que te enseñe cosas que nunca antes habías explorado, sería como vivir una segunda adolescencia… Segundas oportunidades para hacer las cosas de otro modo, o simplemente hacerlas.

5. El miedo nos entra en el momento en que empieza a mostrarse «rebelde» a nuestras peticiones. Podemos distinguir tres acciones o conductas para saber cómo responder a cada una de ellas:

   a. Respuestas naturales: las normales y propias de esta etapa. Por ejemplo, que te llame «pesada» cuando le hemos dicho que saque el lavavajillas. Si entramos al trapo, lo único que vamos a perder es autoridad, porque nos «liaremos» a replicarle y acabaremos sintiéndonos culpables. No gastes energía en esto.

   b. Respuestas que requieren negociación, práctica, ceder, aprendizaje... Estas son las más difíciles de identificar, se refieren a esas situaciones del día a día en las que nos pide llegar más tarde a casa, irse con amigos, la paga, el uso del móvil, permiso para ir a algún sitio...

   c. Respuestas que no podemos dejar pasar bajo ningún concepto y que, como padres, las tenemos que tener muy claras: adicciones, violencia, enfermedades, acoso... Cuando esto ocurre, tenemos que ser firmes y actuar de manera contundente para atajar la situación lo antes posible.

Y es que nuestro adolescente está en pleno proceso de individualización, y para ello necesita posicionarse: desde la rebeldía, el desprecio, el rechazo...

Pero tienes que verlo como parte de su proceso de crecimiento, manteniendo el respeto mutuo, guiándolo y recordando que te tiene que respetar, y para eso, tú no puedes perder las formas, aunque sé que cuesta porque te provoca, te contagia la emoción y, al final, estallas: «Si es que me busca y, al final, me encuentra». Pues sí, no somos más fuertes que ellos, así que mejor no entrar en esa guerra.

Cuando yo le digo a mi hijo: «Cariño, el lavavajillas...», no espero un: «Ay, sí, mamá, gracias por recordármelo. Perdona que haya tardado tanto en hacerlo y hayas tenido que recordármelo. No volverá a ocurrir». Tú, tampoco, ¿verdad?

Normalmente, lo que recibo es un: «Ya voy, pesada». A lo que yo contesto: «Gracias, hijo. Y yo no te he faltado al respeto». A lo que mi hijo responde: «Ay, ya, perdona». Y fin de la historia. Para que esto salga hay que ensayar, y lo bueno es que hemos tenido los años previos para hacerlo (cada vez que no recogía los juguetes, que no quería dormir solo, que pedía otro cuento, etc.).

Pero entonces, ¿la individualización qué es? ¿Es peligrosa? ¿Contagiosa? En cada adolescente será de una manera; sin embargo, en la mayoría de los casos podemos ver algunos rasgos típicos, tales como:

1. Cambios emocionales constantes, repentinos y explosivos. Pasan de un «Mami, te quiero» a un «¡Vete ya!» en cuestión de segundos. Hay una reestructuración del cerebro, altos niveles de hormonas, maduración física y sexual… Todo ello es un cóctel que explica muchos de sus comportamientos.

2. Rebeldía es lo que los mueve para hacer esta individualización. Necesitan saber quiénes son, y para eso tienen que separarse de nosotros y pasar tiempo a solas, conociéndose, escuchando sus pensamientos, «encerrados en su mundo». A veces, la simple pregunta de «Hola, hijo, ¿qué tal te fue?» recibe una respuesta similar a «¿Para qué me preguntas? ¿Qué quieres saber?», o simplemente contestan: «Bien…». Y por más que nos interesemos por su vida y demos nuestra opinión, a sus ojos será como que nos estamos entrometiendo y que, desde luego, no tenemos idea de nada, porque ellos son de otra generación (¡justo como nos pasaba a nosotros con nuestros padres!).

3. Se apoyarán más en las amistades, buscando ser aceptados, tenidos en cuenta y pertenecientes. Con ellos buscarán sobrepasar los límites, tomar riesgos, ignorando el peligro, puesto que su cerebro en esta etapa libera altos niveles de dopamina y los lleva a ver solo lo positivo de las elecciones, minimizando riesgos o sim-

plemente no viéndolos: «Yo controlo; eso a mí no me va a pasar».

Pero, como decíamos antes, estos rasgos son característicos en la mayoría de los adolescentes, no en todos, ni en la misma intensidad.

Y ahora, sabiendo todo esto, ¿qué podemos hacer?

1. Vamos a olvidarnos de la urgencia; como decía una amiga, «lo urgente quita tiempo a lo importante». Si hasta ahora preparaste el terreno, cuando era pequeño creaste un «puente imaginario» con unas barandillas para que no se saliera del camino, para que no se hiciera daño con los obstáculos de su alrededor; si a medida que iba dando sus primeros pasos ibas ampliando el puente, separando más esas vallas, dándole espacio para andar, correr, trepar..., ¿qué está pasando ahora que vuelves a estrechar el puente? ¿Sientes que esas barreras están aún más juntas que antes? Cuando lo lógico sería que desaparecieran y dejaran paso al espacio y al crecimiento personal.

2. Vamos a enfocarnos en soluciones, en lo que queremos conseguir a largo plazo. Ya no podemos quitarles más privilegios, aplicar más castigos, ofrecer más recompensas. Su cerebro no funciona igual y, para poder desarrollar la empatía, la resolución de problemas y la búsqueda de soluciones, tiene que practicar... Y practicar lleva tiempo e implica cometer errores y aprender de ellos. Si algo se daña o se pierde, enséñale cómo puede repararlo o cubrir con los gastos. Busca su compromiso para hacer los temas acordados. Por ejemplo, si se acuesta tarde, también tendrá que madrugar para cumplir con las obligaciones que tenga.

3. Vamos a dejarles ser los pilotos de su propia vida. Como adultos, padres, educadores conscientes, nos toca ceder ese lugar para seguir estando en la vida de nuestros hijos, desde el acompañamiento, desde el soporte, no desde el control.

RECUERDA

✓ Dales alas y déjalos ir sin abandonar; permíteles aprender de sus errores; disminuye el control para aumentar la influencia y fomentar la responsabilidad. Cuando tomen una decisión equivocada, muestra tu confianza en su capacidad para tomar mejores decisiones en siguientes ocasiones.

✓ La familia es el gimnasio en el que entrenar las habilidades que pondrán en juego en la vida, sabiendo que tendrán un colchón sobre el que amortiguar el «golpe». Hazles entender que los errores son oportunidades de aprendizaje y llevan implícitas valiosas lecciones que les permitirán averiguar quiénes son y formar su identidad.

✓ Ayúdalos a canalizar su necesidad de acción, movimiento y energía con actividades de alto riesgo por actividades seguras y sanas. Ofrece actividades controladas. Por ejemplo, la conducción deportiva en una pista de carreras. Pon límites y normas consensuadas y haz el seguimiento para que se cumplan.

✓ Seremos los proveedores de raíces y de alas.

A continuación, te expongo una poesía de Teresa de Calcuta que resume muy bien la idea:

Enseñarás a volar, pero no volarán tu vuelo.
Enseñarás a soñar, pero no soñarán tu sueño.
Enseñarás a vivir, pero no vivirán tu vida.
Sin embargo…
en cada vuelo, en cada vida, en cada sueño,
perdurará siempre la huella del camino enseñado.

AMIGOS
QUE NO ME GUSTAN PARA MI HIJO

—No me gustan sus amigos. No son buena influencia.

—¿Te ha pegado? Ya no vuelvas a ir más con él/ella.

—Ese no es un amigo, no puede mandarte siempre lo que tienes que hacer. No juegues más con él/ella.

—Últimamente hablas muy mal, ¿no será por los amigos con los que vas? No me gustan un pelo, a casa no vienen, ya te lo digo.

¿En qué momento empiezan los amigos a ser importantes para nuestros hijos y formar parte de sus vidas? Pues realmente desde bien prontito. Sí es cierto que, cuando llegan a la adolescencia (en torno a los 9-10 años), estos pasan a ocupar un lugar central en su vida y a marcar más su camino que incluso los padres, pero esto es lo que significa crecer. No tiene mayor problema, a no ser que, como padres, lo desconozcamos y no sepamos cómo gestionarlo.

Sin embargo, a veces, cuando los niños son más pequeños, también nos preocupan las amistades que tienen, porque creemos que se aprovechan de nuestro hijo, porque sentimos que lo tratan mal o, simplemente, porque esos «amigos» le enseñan cosas a nuestro hijo que no nos gustan.

No hace mucho tiempo que escuché en la puerta de un

colegio (¡qué maravillosas son las puertas de los colegios para escribir libros!) a un grupo de madres entablar la siguiente conversación:

—Es que no me gusta nada… Y ya le he dicho que eso no es ser una buena amiga, que las amigas no hacen eso.

—Pero ¿y la madre quién es? ¿La conocemos?

—Ay, pues no sé, es una que viene siempre con prisa, deja a la niña y se va.

—Ah, ya sé, no me digas más… Claro, cómo no va a ser así la hija.

Y el caso es que, cuando oigo este tipo de diálogos, me imagino a mi madre, cuando yo era pequeña, en la puerta de mi colegio, resolviendo mis problemas a la edad de 7 años… Pues no, efectivamente, hace 30 años eso no ocurría. Era más bien lo contrario: los niños nos resolvíamos los problemas solos, sin que los padres se enteraran, a no ser que fuera ya algo serio.

Recuerdo una vez que mi mejor amiga se «echó otra amiga» (no sé si ahora se dice así), y esta nueva amiga le dijo que yo le había quitado los zapatos de la muñeca, así que vinieron a mi casa a buscarme antes de ir al cole, pidieron subir a casa y pedirme que les enseñara la muñeca, a ver si tenía los zapatos puestos… Pues mi madre de eso nunca se enteró (se estará enterando ahora…), y recuerdo que a mí me afectó bastante que me acusaran injustamente y, sobre todo, que mi mejor amiga creyera a la otra chica. Pese al mal trago, y a haber perdido el contacto durante años, la vida volvió a encontrarnos, y hoy sigue siendo una de mis mejores amigas.

Y ¿por qué os cuento esto? Pues porque los amigos van y vienen, o se quedan, pero no los podemos controlar a todos. Lo que sí podemos controlar son los valores, principios y elecciones que nuestros hijos hagan en la vida. Si yo enseño a mi hija cómo debe ser tratada, cómo debe hacerse valer, no tendré que preocuparme de con quién está o con quién va.

Cuando la cosa se ponga fea y hablemos de cosas graves, seguramente nos demos cuenta de ello si el vínculo que hemos creado con nuestros hijos es fuerte.

¿Qué quiero decirte? ¿Que no intervengas? No exactamente. Lo que quiero decirte es que debemos saber cuál es el papel que nos toca a nosotros como padres y cómo de importante es capacitar a nuestros hijos.

Por un lado, nos lamentamos: «Es que no me deja hacer nada, siempre tengo que estar pegada a él/ella, viendo lo que hace: "Mira, mamá, esto; mira, mamá, aquello…", y no puede perderme de vista un minuto», para luego resolverles la vida antes de que nos lo pidan, o, cuando lo hacen, no confiar en su capacidad y resolvérselo nosotros.

> —Cariño, gracias por contarme lo que está pasando. ¿Quieres que sigamos hablando y me cuentas más detalles? ¿Qué opinas tú de lo que está pasando? Me encantaría conocer tu opinión, sé que de esto sabes un montón y sabrás qué hacer. No obstante, decidas lo que decidas, puedes acudir a mí. Será genial escucharte.

Si lo haces así, le estarás dando valor a su persona, confianza y seguridad. En cambio, si intervienes dirigiéndolo hacia donde tú consideras que debe ir, cuando sea pequeño, sentirá que tienes que arreglarlo tú todo, y cuando sea más mayor, seguramente escogerá la opción contraria:

> —Hijo, esos amigos tuyos no te convienen.
> —Que sí, mamá, que son de fiar, que tú no los conoces.

¿Te suena familiar?

Pues lo primero que tenemos que aceptar es que nuestros hijos van a elegir a sus amigos, nos guste o no. Por lo que lo más acertado será «ganarnos» al amigo en vez de luchar contra él. Invítalo a casa; de esta manera, podrás conocer cómo es realmente e influir en tu hijo teniendo una buena relación.

A veces, los hijos escogen a los «peores» amigos en un intento de rebeldía (sobre todo, en la adolescencia), dejando claro que no podemos controlarlo todo.

Revisa si últimamente controlas demasiado...

Quizá tu miedo tiene más que ver con que tiene pocos o muchos amigos. Sin embargo, como padres, se nos olvida que nuestros hijos no son «réplicas» nuestras y que tienen su propia personalidad. Para mí puede ser muy importante tener muchos amigos, pero quizá mi hijo sea un niño más solitario. O quizá eres un padre al que le cuesta hacer amigos y le trasmites tu preocupación porque tiene pocos... Mientras que tu hijo no le ha dado tanto peso a tener muchos amigos.

A veces, el miedo viene porque nuestro hijo nos dice que no tiene amigos, y se remueve algo en nosotros, y queremos evitarle todo sufrimiento... Y a veces es tan sencillo como escuchar lo que nos está diciendo y observar. ¿Realmente no tiene amigos, o tiene un muy buen amigo y con eso es suficiente para él/ella? ¿Ha tenido algún malentendido en la escuela y por eso está «exagerando»? ¿Su actitud con los demás es adecuada, o impone su voluntad y los demás se alejan? Todo esto solo lo sabremos si escuchamos sin alarmarnos, dejándolo hablar, e incluso facilitando que sea él o ella quien llegue a la conclusión, como si nosotros solo tuviéramos que hacer de llave pero fuera él quien abriera la puerta.

Tendrá muchos o pocos amigos; sin embargo, su estado de ánimo, lo que nos cuente sobre ello, será lo que nos dará la pista para preocuparnos o para ocuparnos.

Si aun así sus amigos no te gustan, porque sabes que no son buena influencia, presta atención a los *tips* que te propongo a continuación.

RECUERDA

✓ Eres parte de la solución, no del problema.

✓ Si hay sospecha o evidencia de agresión, verbal o física, intervén, pon medidas para que esta situación pare y se repare el daño recibido.

✓ Escucha antes de hablar, no respondas si necesitas tener más información. Escuchar y no hablar suele ser más efectivo que dar un sermón o un consejo.

✓ Nunca recurras al «Si ya lo sabía yo…», a no ser que quieras que a tu hijo lo invada la culpa, la vergüenza o el dolor y no aprenda de la experiencia, sino de lo que le has hecho sentir.

✓ Cuando uno escoge un determinado amigo, está buscando fuera algo que no tiene o que necesita.

✓ Interésate por sus amistades, gustos, aficiones, pero no los critiques, incluso aunque él/ella lo haga.

> —Es que es tonto… Me ha vuelto a dejar mal delante de Sara.
> —Si ya te lo dije yo, hijo, que Carlos es tonto.
> —Qué sabrás tú, mamá, si no lo conoces.

✓ Si es adolescente, aún con más razón, no puede permitir sentir que se ha equivocado y que tú estabas en lo cierto.

✓ Sus amigos son ahora el espejo en el que se mira, y criticarlos o juzgarlos será como rechazarlo y juzgarlo a él.

«No podemos proteger a nuestros hijos de la vida,
así que tenemos que prepararlos para la vida».

(R. Dreikurs)

AUTOESTIMA
SI SE VALORARA UN POQUITO MÁS...

—Luis, dime tres cosas buenas de ti.

—No sé. No tengo ninguna.

—¿Cómo no vas a tener ninguna? Alguna tendrás.

—No, no tengo ninguna, de verdad.

—No me lo puedo creer, si ya tienes 5 años... Dime una.

—Es que no me sé ninguna.

—Vale, pues dime una mala.

—Ah, esa sí me sé... Soy desordenado.

—Luis, ¿y eso cómo lo sabes?

—Ah, porque me lo dice mi mamá.

Extracto de una conversación del psicólogo y escritor Fernando Alberca.

Imagino que oír algo así impresiona o impacta; sin embargo, es más habitual de lo que creemos. Hace muchos años, tras volver de una conferencia en la que oí esa historia contada por Fernando Alberca, les pregunté a mis hijos: «Decidme cinco cosas buenas de vosotros. Tenéis 10 segundos». Me quedé perpleja al ver que dos de ellos (el mayor y el mediano) no eran capaces de pasar de la segunda o tercera.

Observa si en alguno de tus hijos se da alguna de estas señales para detectar si su autoestima es baja:

1. Se exige mucho a sí mismo. Con una alta autoexigencia y crítica, y miedo al error. A veces, lo vemos porque nunca está satisfecho con lo que tiene.

2. Se muestra indeciso, con miedo a tomar decisiones y fracasar.

3. Le cuesta sonreír, tiene un ánimo más tristón y pocas cosas lo motivan.

4. Comportamiento agresivo, usando la agresividad en un intento de defenderse, y haciendo que el foco esté

puesto en el otro: «Si yo soy quien pega, yo dejo de ser el centro de atención».

5. Tendencia a la complacencia, ya que no saben decir «no». Anteponen la aprobación a su propia necesidad.

Te propongo que lo hagas con tus hijos y anotes al menos cinco cualidades que te digan que tienen.

1. _____
2. _____
3. _____
4. _____
5. _____

Si en diez segundos no ha llegado a cinco, es que tiene una baja autoestima.

Pero ¿qué es la autoestima y por qué es importante desarrollarla en nuestros hijos? Pues porque las personas nos vamos construyendo, y lo hacemos a través de referentes, de espejos en los que nos miramos: primero, nuestros padres; luego, otros adultos de referencia; más tarde, los amigos, pareja…

Nuestros hijos van a construir su autoestima a partir de lo que oigan de nosotros. Si eso que nos devuelve el espejo, los demás, es solo negativo, reproches, etiquetas, quejas, etc., ¿qué autoestima construiremos?

Si crees que tu hijo es capaz, y así se lo haces ver, estarás contribuyendo a un desarrollo sano de su autoestima. De lo contrario, sentirán que tienen que cambiar para adecuarse a nuestras expectativas, lo que los hará sentir inseguros, luchando con lo que son y con lo que se espera de ellos, que no tiene por qué coincidir.

Haz una lista con 50 cosas positivas de cada uno de tus hijos y luego asegúrate de que ellos sepan que tienen esas cualidades. Y es que, como padres, no sabemos construir la autoestima de nuestros hijos porque no hemos sido educados para ello. ¿Cuántos de vosotros recordáis oír a vuestros padres deciros: «Cariño, qué orgulloso está papá de ti»? Como mucho, oías cómo tu padre se lo decía a la tía o a la abuela cuando hablaba de ti, pero así, en directo, no era habitual.

Y qué diferente sería si nos lo hubieran dicho, si nos hubieran ayudado a construir nuestra persona con palabras de aliento, de confianza en nosotros...

¿Y cómo podemos entonces ayudar a nuestros hijos a tener una mejor imagen de sí mismos y, en definitiva, a tener mejor autoestima? Tan sencillo como usar las palabras adecuadas:

- No es cabezota, es tenaz.
- No es presumida, es cuidadosa con su imagen.
- No es terco, es persistente.
- No es protestón, sino que reivindica sus derechos.
- No es pesimista, solo ve el vaso medio vacío.
- No es un llorón, es capaz de expresar lo que siente.
- No es pesado, es insistente.
- No es egoísta, es que aún no ha aprendido a empatizar.

¿Se te ocurre alguno más?

A veces, es difícil darnos cuenta de lo que marcan las etiquetas (lo digo muchas veces en los talleres): «Las etiquetas son para la ropa o para los botes de conserva. Porque poner una etiqueta es fácil, pero prueba a quitarla luego de un bote de cristal sin dejar ningún tipo de resto».

En definitiva, lo más importante para construir una sana autoestima es el conocimiento de uno mismo. Reconocer que todos somos diferentes y que en cada diferencia está lo que nos hace únicos.

Igual de importante es centrarnos siempre en la acción y no en quién la realiza para remarcar el error. No es lo mismo «ser un torpe» que «cometer una torpeza». Un error es una oportunidad de aprendizaje, que el niño sienta que él es el error es una pérdida de oportunidad de crecimiento y mejora.

Si sospechas que su autoestima es baja, observa qué está pasando y qué lo puede estar provocando. ¿Un profesor demasiado duro? ¿Compañeros que hacen daño? ¿Algún hermano celoso? Estate atento a estas situaciones y hazle saber que, en muchas de esas ocasiones, las personas hacen o dicen cosas que hieren a uno y que, sin embargo, lo que dejan de manifiesto es su propia inseguridad. Enséñale a diferenciar que no tiene nada que ver con él o ella.

Está demostrado que los niños con una buena autoestima tienen menos probabilidades de recurrir al consumo de sustancias, adiciones, aun habiendo experimentado con ellas (menos probabilidad de engancharse).

Y a todo esto... Tú, como padre o madre, ¿cómo andas de autoestima? Porque la clave está en nosotros y en el modelo que trasmitimos. ¿Te quieres? ¿Te valoras? ¿Te reconoces?

Hay un experimento muy chulo que circula por internet y que me gusta hacer en los talleres cuando trabajo la autoestima. Es tan sencillo como poner a dos personas una de espaldas a la otra y, en un momento dado, darles la orden de girarse y pedirles que se digan palabras agradables que les gusten de la otra persona. Cuando han dicho algunas características (suele surgir de manera fluida), se les pide que se den la vuelta de nuevo para quedarse de espaldas y que vuelvan a voltearse, esta vez ya no tienen a una persona delante, sino un espejo que les devuelve la imagen de ellos mismos y sobre quien tendrán que decir cosas que les gusten.

Tarea nada fácil, ya te lo digo yo, y si no, ve corriendo a hacerlo con tu hijo. Ponlo delante de ti o de un hermano y que diga cosas que le gusten, y luego saca un espejo. ¿Hay diferencia?

Una vez, un padre y *coach* me dijo: «Háblate con cariño», y es que qué importante es mandarse a uno mismo mensajes positivos y no tantos negativos, como, por ejemplo: «¡Ay, qué despistada soy! ¡Me he vuelto a olvidar!»; «¡Seré tonto! Que me he equivocado...». No te mandes mensajes negativos ni te pongas etiquetas que quizá arrastres de la infancia, y sobre todo, insisto, háblate con cariño.

A continuación, te pongo como ejemplo una conversación que mantuve con mi hijo cuando él tenía 5 años. Es importante que tus hijos conozcan en qué son buenos, qué se les da bien y por qué lo saben.

—Mamá, no hay avena.

—No, hijo, no nos queda…

—A ver… Deja que mire, que yo soy un buen busca-dor…, que eso me dice Alonso.

BAÑO
¡VAMOS A LA DUCHA!
¿POR QUÉ NO TE BAÑAS?

—Es increíble... Te he dicho ya cuatro veces que a la bañera y ahí sigues... Todos los días es una lucha para que te bañes, pero es que luego es una lucha ¡para que salgas! Esto no hay quien lo entienda.

Este reto será muy distinto según la edad que tengan tus hijos y según su temperamento... Con niños pequeños, la hora del baño apenas es un problema: les encanta bañarse, su ratito de atención con papá o mamá, de relax, de juego... Aunque, en muchos casos, el problema lo tenemos a la hora de salir y no al entrar. No encuentran el momento de parar de jugar, de que les podamos lavar la cabeza, de enjuagarlos, de quitar el tapón... Porque, si han entrado de buen grado, quizá cuando los queramos sacar hagan oídos sordos, o incluso disfrutemos de una pataleta acuática para evitar salir de la bañera.

Sí, esto no es fácil. No sé quién nos dijo que lo era, porque ya te adelanto que no lo es. Sin embargo, si tenemos niños pequeños, fácilmente podemos recurrir al humor, al juego, a la distracción (distraer y redirigir).

Y cuando los hijos son mayores, pues te puedes encontrar la misma situación. Quién no tiene un hijo adolescente (con más de 10 años) que se niega a ducharse tras un partido, después de montar en bici o simplemente porque ya toca, y que, cuando decide hacerlo, se pasa horas ahí metido, hasta tener que recurrir a la amenaza de cortar el agua caliente o directamente abrir el grifo de la cocina, confiando en que le llegue menos agua y más fresquita, para que así espabile ¡y salga del baño!

Y es que pareciera que los padres no estamos contentos con nada, o que los hijos no saben lo que quieren: ahora me baño, ahora no, ahora no salgo, ahora sí...

En fin, que lo que está claro es que no podemos controlar a los demás, así que lo que toca es controlarnos a nosotros mismos.

De todos modos, te doy unas pistas para saber por qué puede estar pasando esto y, sobre todo, cómo hacer que la hora del baño deje de ser una lucha.

Por un lado, quizá la manera en la que lo pidamos no sea la más adecuada, porque estamos abusando de órdenes o imposiciones, como, por ejemplo: «¡A bañarte ahora mismo!»; «Que te bañes he dicho. Ya. ¡No quiero oír nada más!», o «¡Tú te bañas porque lo digo y punto!».

Por otro lado, lo que ocurre es que «anticipamos el problema», creamos muchos reproches o la sensación de que la hora del baño se ha convertido en un reto insalvable, y antes de que ocurra, nos ponemos en lo peor. Y cuando anticipamos la dificultad, nuestro cerebro entra en modo supervivencia y se pone alerta, esperando a entrar en lucha.

Otras veces pasamos por alto el momento o las necesidades de nuestro hijo. Quizá solo necesita terminar de construir esa torre y después irá él solito al baño. Quizá se le ha juntado el hambre con el sueño, las ganas de comer, o se encuentra mal y está a punto de caer malito… Nadie mejor que tú para conocer a tu hijo y poder ver qué está pasando. ¿Recuerdas que hay que mirar debajo del iceberg?

El caso es que lo hacemos muchas veces, pero «a toro pasado»: «Ay, ya decía yo que estaba especialmente quejica por todo. Si es que se estaba poniendo malito. Ya sabía yo».

Vale, ¿y por qué no lo sabías antes? Pues porque somos humanos, imperfectos, y muchas veces vamos en piloto automático, ¡que no frenamos ni al chocar! A veces, son las prisas, y otras, que tenemos una expectativa no acorde a lo esperable a esa edad.

Parar y respirar, mandarnos mensajes positivos: lo que pase hoy no tiene por qué pasar mañana, y si ayer salió mal, hoy puede salir bien. Y si ayer salió bien, quizá hoy no salga igual, o sí. En cualquier caso, mi actitud debe ser siempre la misma: de respeto, y desde esa posición, intervengo.

—Cariño, estás jugando y hemos quedado en ir a la bañera. Voy preparando el agua y, cuando hayas terminado, vienes. ¿Cuánto te queda? ¿Te hago una señal para que sepas que el agua ya está?

¿Qué podemos hacer para evitarnos estas luchas de poder a la hora del baño? Validar y entender sus necesidades. ¿Está jugando y lo hemos cortado? Podemos esperar a que termine lo que estaba haciendo, ¿o es que se nos ha echado el tiempo encima y ahora nos entra la prisa? ¿Su prisa es la mía?

Validar no significa ceder, ni siquiera significa darle lo que pide. Significa entender, empatizar, comprender y, desde ahí, actuar.

Nuestras prioridades no son las suyas, y cuando desde la cocina le decimos: «Venga al baño», estamos dando por hecho que nos ha oído, pero en muchos casos no es así. O quizá nos ha oído, pero no nos ha escuchado, o incluso no le interesa porque tiene otras prioridades.

¿Cómo le trasmito que es importante bañarse? ¿Que ahora es el momento del baño? No haciendo un drama, una lucha de poder, una amenaza o un castigo, porque, si no, esa escena se va a repetir siempre que toque baño, y si no se repite porque el niño no se atreva a «desafiarnos», quizá genere resentimiento, retraimiento o revancha.

A veces, funciona; otras veces, no… Y aunque funciona, no da los resultados esperados o los que deberíamos esperar. Bañarse, ducharse, es importante, porque necesitamos un mínimo de higiene… ¿Quieres que se duche? Bien, ese es tu deseo. ¿Y cómo le vas a trasmitir a tu hijo que quieres que se bañe? ¿Por la fuerza? ¿Con largas explicaciones que ni va a escuchar ni va a entender? Porque yo he probado con mi marido esas dos y no ha funcionado… ¿Has probado con el humor? ¿El juego? ¿La seducción?

CELOS
TIENE UNOS CELOS QUE
YA NO SÉ QUÉ HACER

—De todos mis hermanos, tú eres el peor.
—¡Pero qué dices! Si no tienes otro.
—Ya, pero si lo tuviera, tú serías el peor.

—Mamá, ¿cuándo vas a devolver al bebé al hospital?

Dos hermanos gemelos se enfadan, y uno de ellos, llorando, va hacia su madre y le dice:
—Mamá, mi hermano dice que soy feo...

Los celos son una parte inseparable del amor.

Seguramente, cuando decidiste darle un hermanito a tu primer hijo, y luego al segundo, o al tercero..., lo hiciste movida por el deseo de que tus hijos tuvieran con quién jugar, con quién divertirse, con quién reír... ¡Y ahora resulta que has descubierto que se odian! Bueno, realmente no se odian, se quieren como hermanos y tienen celos como hermanos.

Y los celos pueden ser del mayor al pequeño o del pequeño al mayor. No hay una regla fija, aunque sí es habitual que el mayor sienta celos del pequeño, puesto que es quien lo ha destronado.

¿De dónde provienen los celos entonces? Generalmente, del deseo de ser el único en la vida de sus padres, y como este deseo no se puede satisfacer, lo normal es que los celos no puedan ser evitados del todo.

Se puede envidiar al mayor porque tiene más privilegios; al pequeño porque se le consiente más, o a la hermana porque es la «preferida» del padre. Si los celos no se resuelven, afectarán a la relación entre los hermanos.

Muchas veces los problemas vienen precisamente por no ver lo que es normal y esperable en esta situación: cuando traemos un hermanito a casa, lo normal es sentir celos hacia ese nuevo miembro que acapara toda la atención. Sí, lo es. Incluso si me dices: «Pues los míos nunca han tenido celos», te diré que lo común es tenerlos, por eso vamos a ver qué es eso de los celos entonces.

Los celos se definen como el sentimiento que experimentamos al creer que otra persona puede «quitarnos» el cariño o amor que recibíamos (merecíamos) o está teniendo otros privilegios, atenciones, que considerábamos nuestros.

Curiosamente, somos los adultos los que cuestionamos la existencia de los celos. Los niños no los cuestionan, han conocido hace tiempo su significado y el impacto que tiene en ellos y la familia. Los celos, la envidia y la rivalidad entre hermanos (de la que hablamos en otro capítulo) aparecen queramos o no.

Y descubre además que todo lo que le habíamos «vendido» no era tan cierto: un hermanito con el que jugar, al que querrá mucho, será igual que él/ella, etc., pero lo que el niño ve realmente es algo muy distinto. Cuando la mamá está embarazada, el primogénito comienza a darse cuenta de los cambios: sus padres están ocupados con otras cosas (la habitación, ropa, cuidado de mamá, su descanso, que no lo coja tanto en brazos, salen menos al parque, hay menos tiempo para jugar, etc.). Cuando el bebé llega a casa, los cambios se hacen evidentes: no se puede hablar alto para no despertarlo, los juegos tienen que ser más tranquilos, hay que ser más cuidadoso con mamá, que está cansada, y con el bebé, porque es delicado; hay que bañarlo y nos queda menos tiempo para jugar; se despierta y llora, y hay que atenderlo enseguida, mientras que él/ella puede esperar.

Para el hijo mayor, esto es especialmente más doloroso, puesto que ahora descubre que tiene que compartir a sus padres con ese nuevo miembro de la familia. Ya no es el único niño al que mirar, y piensa:

> «Si me quisieran de verdad, no habrían traído a otro. Si yo fuera suficiente para papá y mamá no buscarían otro niño. Yo no debo ser suficiente ni lo suficientemente bueno».

Imagina por un momento que una tarde cualquiera tu marido se presenta en casa diciendo:

> —Mi amor, a partir de ahora va a vivir con nosotros otra mujer. Sabes que te quiero mucho y que tengo amor suficiente para las dos. Ella te ayudará en casa y no te sentirás sola cuando yo no esté. Además, como a ti la ropa ya no te queda como antes, se la podemos dar a ella, que es más joven y le va a quedar genial. Recuerda compartir tu ordenador y tus pinturas, porque ella acaba de llegar y no tiene nada. ¿Qué te parece si ella se instala en la habitación conmigo y tú duermes en una habitación propia? Así no te molestaremos por la noche si ella se despierta y necesita que la atienda.

No sé si realmente te he convencido con esta comparación; a mí desde luego me queda muy clara, y me imagino la escena y...

Y es que compartir en el lenguaje de un niño quiere decir «tener menos», y tener que compartir a un padre ya es doloroso, así que imagina pedirle que encima se alegre por ello o que se muestre encantado con la llegada del nuevo bebé (Ginott, 2005).

Los celos hacia un hermano son totalmente lógicos si entendemos la familia como un gran trozo de pastel (Nelsen, 2001) en el que cada trozo pertenece a un miembro de la familia. De tal manera que, si uno de ellos ya ha cogido un trozo, porque por llegar primero elige antes, el siguiente tendrá dos opciones: coger otro trozo distinto o luchar para conseguir el que se llevó el miembro anterior.

Y esto ocurre porque, en la mayoría de los casos (siempre hay excepciones a la regla), los niños sienten que deben ser diferentes (mejores) para tener valor. Están buscando continuamente su lugar en la familia, y utilizan expresiones como: «Mamá, es que él es feo»; «Yo soy más fuerte»; «A mí se me da mejor dibujar», o «¿A que yo sí me porto bien, mamá?».

Buscarle lógica a esto puede ser muy entretenido y apasionante; sin embargo, en este caso, lo que te propongo es que simplemente lo entiendas y tengas en cuenta que los niños sacan muchas conclusiones acerca de ellos mismos, fijándose en la posición que ocupan en la familia (orden de nacimiento).

Tal como vimos al principio al hablar de la lógica privada, los niños están tomando decisiones continuamente, y estas decisiones están basadas en creencias erróneas, ya que son muy buenos observadores, pero muy malos intérpretes.

El temperamento, algo de lo que ya hemos tratado al explicar el iceberg de la conducta, también nos ayuda a entender estar peculiaridades. Teniendo en cuenta esto, llegamos a la parte de las comparaciones o competencias: buscarán cómo pertenecer y ser importantes, destacando en áreas diferentes a las de sus hermanos.

Los celos no tienen una edad para darse. De hecho, todos sabemos que de adultos podemos tener celos en pareja e incluso seguir sintiendo celos hacia alguno de nuestros hermanos; esos celos no resueltos en la infancia y que se arrastran hasta la edad adulta. A veces se muestran en esa rivalidad continua por ser los primeros en la carretera, o en la imposibilidad de perder al pádel, búsqueda constante por tener razón, o incluso en evitar cualquier competición, dándose por vencidos antes de empezar, sin querer intentarlo siquiera… Por eso es tan importante que minimicemos el impacto en los niños y les permitamos expresar lo que están sintiendo.

—Cariño, comprendo que a veces debe ser duro ver que mamá tiene menos tiempo para ti... Pasa mucho tiempo con el bebé, te pide que no hagas ruido para no despertar a tu hermanito...

A menudo tenemos miedo de que, al decir algo así, estemos «invitando o incitando» a tener esos pensamientos; sin embargo, como decíamos antes, este tipo de ideas no son nuevas para el niño. Recuerda que las palabras son mejores que los síntomas, basta con un «Cariño, si te sientes así, ven a contárselo a mamá. Sabes que te quiero y siempre te querré».

Si le decimos a nuestro hijo que nos duele oírle decir algo así (que no quiere a su hermanito, que lo devolvamos, que es feo, que lo odia, que es un incordio, que huele mal...), no le quedará más remedio que callárselo y tendrá que buscar la manera de lidiar con ese sentimiento para aliviar el dolor, el miedo, el estrés o la ansiedad que le está provocando.

Que no lo verbalice no significa que todo esté resuelto; al contrario, quizá salga por otro lado... Cuando un niño reprime sus celos, estos suelen salir expresados en mal comportamiento (pegar, contestarnos, retarnos...) o en síntomas (hacerse pis, no querer dormir solo, negarse a comer, hablar mal, lloriquear...).

A veces, pueden reprimir tanto lo que sienten que se despiertan con sueños angustiosos, en los que, por ejemplo, tiraban a su hermanito por la ventana... Sueños aterradores para expresar la rabia y los celos que están sintiendo en vez de hacerlo con palabras.

Sin embargo, sí es importante que protejamos a ambos: no podemos permitir que le haga daño física o verbalmente, porque, aunque no nos lo parezca, el daño es perjudicial para ambos (víctima y verdugo).

> —Hijo, sé que estás enfadado con tu hermano, pero no puedo dejar que le pegues. ¿Qué te parece si pintas en este papel lo enfadado que estás para que yo pueda verlo?

Permítele que nos muestre su rabia sin herir los sentimientos del hermano. Porque además esto pasará, y si no lo hacemos así, corremos el riesgo de que «el verdugo» sienta que es mala persona y asuma su papel sin posibilidad de mejora.

Muchas veces, nuestra manera de intervenir es la que hará que los celos se mantengan o que la rivalidad entre hermanos crezca.

En nuestro intento de quererlos por igual, tratarlos por igual, darles a los dos las mismas cosas, nos olvidamos de la singularidad de cada uno y las necesidades propias e individuales.

Cuántas veces has ido a comprar una camiseta para uno de tus hijos y has vuelto con dos porque has pensado: «¿Cómo le voy a comprar algo a uno y al otro no?».

Los hijos no nos están pidiendo la misma cantidad de cariño, sino la que ellos necesitan, y cada uno tendrá una medida:

> ### Opción A
>
> —Mamá, a mí no me has hecho tantas cosquillas como a mi hermano.
> —Cómo que no, claro que te he hecho. Y además acabo de leerte un cuento. Que para ti nada es suficiente, tú siempre más y más... Que tienes un hermano y no puede ser todo para ti. Mira tu hermano, que no pide, por eso le doy.

Es importante reconocer que cada hijo es único y que el énfasis debe estar en la calidad y no en la cantidad.

> Un día, mi hijo mayor me preguntó:
>
> —Mamá, ¿a quién de los tres quieres más? ¿Quién es tu hijo favorito?
>
> A lo que yo le respondí:
>
> —Cariño, tú eres mi Hugo favorito, no hay ningún otro Hugo más importante para mí. No lo olvides nunca.

Por eso ponemos nombres distintos a nuestros hijos…

Hay un cuento muy bonito, que se titula *Todos sois mis favoritos* (McBratney, 2019), y te servirá para este tipo de situaciones. También tienes a tu disposición una actividad de disciplina positiva titulada «Las velas» en mi canal de YouTube (vídeo: «Entender los celos»), que te puede ayudar a mostrar a tu hijo que el amor de mamá no se gasta y, aunque se comparte, a él/ella no le va a faltar.

Recuerdo una vez que una mamá en un taller me contó que su hijo de 6 años tiró a su hermanito recién nacido a la basura. La madre tuvo que sacarlo del cesto de la basura y bañarlo.

Sin embargo, los celos no siempre se muestran tan fácilmente, a veces están enmascarados y no dan la cara con tanta facilidad:

- Competitividad constante o ausencia de ella.
- Llamadas de atención, o bien evitar ser el centro de atención manteniéndose en un segundo plano.
- Generosidad y complacencia extrema, o bien avaricia desmesurada.
- Amor a más no poder, devoción exagerada.

No aparecen siempre en el mismo momento con la llegada del hermanito, a veces ocurren cuando el bebé ya tiene un año o incluso más, pillándonos por sorpresa, porque pensábamos que los celos se daban nada más nacer. Sin embargo, cuando el bebé es pequeño, no suele representar ninguna «amenaza»; es al cumplir el año, año y medio, cuando empieza a ser más gracioso, más mono, a decir más cosas, y nos produce tanta ternura como «rechazo» del hermano mayor, al que ya no vemos tan gracioso y al que decimos cosas como: «Anda, no hagas eso, que tú ya no eres un bebé».

Como comentábamos más arriba, los celos no tratados en la infancia se arrastran a la edad adulta, afectando la personalidad del niño más de lo que podemos imaginar. Marcando su personalidad y carácter.

RECUERDA

✓ Permite que te exprese lo que siente. No castigues ni impidas su expresión; tampoco busques justicia queriendo que sean «iguales», porque con esto no estarás aportando alivio al sentimiento de envidia o de rivalidad.

✓ Tu actitud será la clave para que puedan transitar esta emoción sin peligro o, por el contrario, para que la relación entre ellos sea difícil y conflictiva. No compares, no hagas de menos, no infravalores o resaltes en exceso las características de ninguno.

No se trata de no valorar una cualidad (por ejemplo, que a uno de ellos se le dé muy bien escalar), sino de no sobrestimarla o sobrevalorarla. Tener envidia porque al hermano se le dé mejor el baile es fácil de asumir, pero lidiar con la sobrevaloración que los padres hacen de ello es lo realmente difícil.

✓ Recuerda que el orden de nacimiento también va a influir en la relación entre ellos. Para eso es importante que tengas presente que:

- Los hijos mayores (primogénitos) requieren un cierto reconocimiento, por ser más serviciales, y estímulo, para poder expresar lo que sienten y necesitan. Recuérdales que pueden cometer errores y que no queremos que sean perfectos. Los queremos tal y como son.

- Los hijos medianos te recordarán a menudo que la vida es injusta (¡ay, en mi caso, cómo de cierto es esto! ¡Es la frase estrella de mi mediano!). Necesitan mayor contacto visual y expresar su dolor y sus sentimientos, ya que tienden a ser conciliadores, pues creen que ese es su papel en la familia.

- Los hijos pequeños son encantadores y divertidos…, ¡y se aprovechan de ello! Anímalos a desarrollar otras habilidades, dándoles así la oportunidad de hacerse responsables y de colaborar en el bien familiar.

En resumen, y como en tantas otras situaciones, aquí la pieza clave eres tú. Tener celos es algo natural, permitir expresarlo y vivirlo no es malo, solo es que necesitan gestionarlo adecuadamente.

CONTROL DE ESFÍNTERES
DEJA EL PAÑAL, QUE YA NO ERES UN BEBÉ

—No me lo puedo creer. ¿Otra vez? ¡Estás hecho un meón! Ya no te cambio más. ¿Quieres ir meado todo el día? Pues así vas a ir, porque yo no te pienso cambiar.

—Lo estoy llevando fatal. Es que se hace pis porque quiere. Lo pongo en el orinal y le digo que, hasta que no haga pis, no se levanta. Pero, hija, se pone a llorar y no hay manera. Y el caso es que se quita, y ala, en el pantalón. Yo no sé si es que es tonto o se lo hace.

Hay tres cosas sobre las que los padres no tenemos control en los niños: el hambre, el sueño y el control de esfínteres. Y cuanto antes lo asumamos, antes nos evitaremos muchos quebraderos de cabeza. Repito: estos tres factores dependen de los niños y, casualmente, es lo que más dolor de cabeza nos acarrea a los padres.

Ninguno de los tres puede doblegarse a nuestra voluntad, y si no, dime... ¿Has probado a comer algo que te daba realmente mucho asco? ¿Has cerrado la boca con tanta fuerza que, por más que intentaran persuadirte, no la has abierto? ¿Acaso alguien te ha obligado a dormir cuando no podías o no querías? Pues lo mismo con el control de esfínteres.

Y es que nos enfrentamos por primera vez a que los niños tomen decisiones en este sentido: retener el pis y la caca, o hacerlo donde y cuando quieran. Esto es parte de su autonomía, en la que no somos tenidos en cuenta, porque no dependen de nosotros.

Es curioso, pero son este tipo de comportamientos (junto con otros también relacionados con el placer: masturbación, conductas autoeróticas, succión, etc.) los que provocan en nosotros mayor rechazo o incomodidad, hasta el punto de que volcamos todo sobre ellos, en vez de mirar hacia nosotros mismos. ¿Qué nos pasa? Pues que tenemos una gran mochila llena de recuerdos (que ya no recordamos), de vivencias, de experiencias y, sobre todo, de actuaciones que han condicionado nuestra persona, y cuando algo sale reflejado en nuestro hijo, saltamos como un resorte.

La sociedad no ayuda, y las directrices que se dan a los padres desde algunos centros educativos, centros médicos, tampoco: «Uy, ya tiene casi tres años y va a empezar el cole. Nada, nada, hay que sacarle el pañal».

¿Se lo ponemos por comodidad nuestra y se lo quitamos por comodidad también?

Resulta que el control de esfínteres no se aprende, se adquiere. Y para que se adquiera, lo que sí podemos hacer los padres es favorecer ese proceso y, sobre todo, no dificultarlo. Todos lo acaban adquiriendo.

Si en la infancia es importante saber en qué momento lo logró (habitualmente entre los 2 años y medio y los 3 y medio. Casi todos los estudios están de acuerdo en que es entre los 12 y los 18 meses cuando los niños comienzan a tomar conciencia de sus necesidades: a reconocer las señales de llenado y distensión procedentes de su vejiga. En este punto, estamos ante un comienzo de maduración del sistema nervioso. Y alrededor de los 3 años ya es posible contraer los músculos pélvicos, y la mayoría de los niños aprenden a inhibir la retención y vaciado de la orina tras un cierto periodo de tiempo teniendo la vejiga llena), cuando esté en la universidad nadie va a tener en cuenta si fue antes o después de esa edad. El problema real viene porque esas edades que son orientativas se toman como premisa, y cuando no se cumple el «tope» establecido, entramos en pánico y lo convertimos en un problema.

Si lo piensas, les sacamos el pañal (el chupete, el biberón, los purés…), después de habérselo dado, y siempre con prisa, apuro, fechas, hitos…, olvidando la peculiaridad y singularidad de cada niño.

A esto se le llama «acelerar procesos» y, en muchas ocasiones, provoca un desorden que no tenía que haber ocurrido nunca (es el caso de la enuresis secundaria: cuando los niños vuelven a hacerse pis o caca tras haber adquirido el control).

Si no hay ninguna alteración física, el control de esfínteres llegará cuando el sistema esté maduro, y eso puede ser a los 2 años y medio, a los 4 o a los 6, si tenemos en cuenta que en todo este tiempo puede haber «escapes ocasionales».

Un 20 % de los niños hasta los 5 años tienen algún tipo de incontinencia urinaria, y hasta los 7 años un 10 % la tienen todavía (nocturna fundamentalmente). Y hacia final de la adolescencia, ese porcentaje baja a un 1-3 %.

De mis tres hijos, solo uno adquirió el control de esfínteres ¡con apenas 2 años! «¡Precoz —pensé yo— para su edad!». Y sin embargo, los otros dos usaron pañal por la noche hasta bien mayores (uno de ellos hasta se lo ponía y quitaba él solo). Y te hablo de mis hijos, pero los hijos de muchas mamás que han estado en consulta, en mis talleres, amigas, etc. me comentan lo mismo: sus hijos se hacían pis de noche y usaron pañal hasta los 7 años o incluso los 9.

¿Qué quiero decirte con esto? Que hay muchas cosas que son normales y, sin embargo, las «convertimos» en un problema. Esto no quita que realmente haya un problema, y para ello podemos consultar al pediatra, que nos derivará al especialista adecuado para tratar la enuresis o encopresis; sin embargo, de lo que te hablo aquí tiene que ver con tu actitud.

Independientemente de que nuestro hijo tenga enuresis o simplemente aún no esté preparado para controlar los esfínteres, nuestra manera de reaccionar debe ser siempre respetuosa.

Recuerdo que, cuando uno de mis hijos empezó a tener «escapes» nocturnos, no sabía qué hacer. Todo lo que recibía eran consejos: ponlo a hacer pis antes, no le des agua, ponle pañal aunque no quiera, recrimínalo, oblígalo a ducharse como «castigo», háblale enfadada, haz que ponga él la lavadora y se haga la cama (y no desde el desarrollo de la pertenencia y la contribución, sino desde el enfado y la rabia)… Todo eso porque no entendemos que, si se hace pis, es porque aún no está preparado, no porque lo haga aposta.

Por suerte, pude darme cuenta y reparar mi error. Hoy día es algo que me pesa mucho y que me sirvió de experiencia para profundizar en el control de esfínteres y, sobre todo, comprender que ¡cada niño es un mundo! Porque imagina que tu hijo se hace pis porque su riñón no funciona. ¿Harías todo lo que he escrito antes? ¿Y si se hace pis porque sus esfínteres aún no están maduros?

Años después, cuando el pequeño se hacía pis (porque todos lo hacen en algún momento, de manera ocasional o más continuada), cambiábamos las sábanas juntos, él se cambiaba de pijama, se lavaba, yo ponía la lavadora, le pedía que me ayudara a llevar la ropa…, sin dramas, sin enfados, sin reproches. Ahora esto está totalmente superado y sin rastro de «trauma» o malos recuerdos por parte de ninguno.

Por otro lado, no quería acabar este capítulo sin hablar de lo importante que es la exploración en la infancia: explorar el ambiente que lo rodea, la comida, su cuerpo, sus «desechos».

Hay muchos niños que descubren el placer de la evacuación. Para ellos no es nada asqueroso (ni el olor, ni el tacto…). Están explorando y descubriendo. Será muy importante que, como padres, podamos acompañarlos sin crítica, rechazo, o añadiendo nuestros propios prejuicios: ascos por su cuerpo y sus productos o desechos. Mostrar respeto y orientación sobre lo que está pasando, sin añadir vergüenza y ofreciendo unas conductas de higiene necesarias.

—Cariño, después hay que lavarse muy bien las manos, para no contagiarnos o trasmitir parásitos que suelen estar en las heces y en el pis. Esto es lo que tu cuerpo desecha porque no lo necesita.

O lo que tengas que decir acorde a la edad de tu hijo (es en torno a los 2 años cuando comienza esta exploración, pero puede ser más tardía).

RECUERDA

✓ Para todo podemos poner una edad orientativa de su consecución, pero hay que tener en cuenta el momento evolutivo de nuestro hijo. Nunca lo presiones. Es cuestión de madurez muscular y neurológica. No se entrena. ¿Acaso es lo mismo un niño que hace los años en enero a uno que los hace en diciembre y sin embargo entran al colegio en el mismo año escolar con la misma exigencia de sacar el pañal? La impaciencia en estos casos es contraproducente.

✓ La presión que añadamos a ese momento es la que podrá hacer que interfiera en un desarrollo normal, más lento y tardío, pero normal. El control diurno suele alcanzarse antes que el nocturno, que puede llegar en torno a los 4 años en muchos casos o más.

✓ Acepta que un día pida ropa interior y otra pañal, no pasa nada. Permíteselo y sigue enseñándole que lo logrará él solito. Dile dónde y cómo hacerlo. Que puede confiar en él/ella. Sigue su ritmo.

✓ Las pegatinas, refuerzos o premios no ayudan a consolidar un proceso que depende de la maduración y no de la presión externa. Sigue su ritmo y acepta que habrá escapes (casuales o intencionados, porque esté haciendo otra cosa y no quiera parar para ir al baño).

✓ Hacerse pis encima puede estar escondiendo otras causas o motivos que se nos escapan del día a día:

A veces están jugando tan entretenidos que no se dan cuenta, y cuando se percatan, ya no llegan. Recriminarlo o regañarle por ello solo le va a crear más estrés y ansiedad. Si sabes que está más «despistado», te va a tocar estar más pendiente, llevar ropa de cambio si te pilla fuera, enseñarle a usar la fregona y recogerlo (recuerdo un día que vi a mi pequeño arrastrando el cubo y la fregona, y le pregunté: «¿Qué haces, hijo? ¿Dónde vas?». Y me contestó: «Nada, mamá, ya me encargo yo». Cuando hubo acabado, colocó el cubo en su sitio. Me acerqué y le dije: «¿Se te ha escapado el pis?». Se rio y me dijo: «Sí, pero ya lo he recogido». «Vale», le dije, y cuando se fue, sin que me viera, lo terminé de limpiar bien yo.

A veces, esos escapes son una manera de expresar estrés, preocupación, miedo… con la imposibilidad de controlar el pis, y se lo hacen encima. Quizá un nuevo hermanito, mucha tensión en casa, miedo a algo que vieron en la tele… Pueden ser tantas cosas que nos tocará estar atentos, observar primero e intervenir después, porque, si intervenimos directamente, si regañamos, castigamos o culpabilizamos, nos vamos a estar perdiendo lo que realmente ocurre y que, sin duda, saldrá por otro lado.

No se hace pis encima por fastidiarte…, pero sí para llamar tu atención. De ti depende que esa llamada de atención se mantenga, porque, aunque sea de manera equivocada, está consiguiendo lo que cree que tiene que hacer para «pertenecer»: «Bien, vuelvo a tener ocupada a mamá conmigo». Como vimos al principio, la lógica privada de los niños es muy potente y los lleva a interpretar la realidad de manera errónea. Mamá se enfada con ellos, y no comprenden que mamá preferiría no enfadarse. Lo que entienden es que mamá los «volvió» a mirar, y es que, como dice Alex Rovira en su «Economía de caricias» (Rovira, 2020): «Entre el dolor y la nada, prefiero el dolor» (cita original de Faulkner, 2007).

Esto acabará pasando, no conviertas en problema una etapa de su desarrollo. En tu mano está que pase como una anécdota o como un «calvario», y si necesitas ayuda porque no puedes gestionarla tú sola, pide ayuda, y sé el adulto que necesitaste de niño/a. Consulta con el pediatra si sospechas de alguna alteración biológica.

DIENTES
SI NO TE LAVAS LOS DIENTES,
TE SALDRÁN CARIES

—Marta, ¡lávate los dientes! No podemos estar igual todas las noches. Yo me canso ya, siempre la misma historia… Esta niña disfruta viendo a mamá enfadada. Hazte cargo tú, porque yo ya es que no sé qué hacer… Venga, Marta.

—No quiero.

—Vale, no quieres, y yo no quiero pagar un dentista… ¿Te lleva el robot?

—¡Síííí!

—Venga, sube…

Y así es como Marta termina esa noche lavándose los dientes, feliz, junto con su madre, y relajada. Después de haberse reído un ratito, va directa a la cama para descansar con una sonrisa ligera en su cara antes de dormir.

Muchas veces, uno de los mayores retos con los que lidiamos a diario es que nuestros hijos se laven los dientes, se pongan el pijama, se laven las manos, la cara, etc., y no lo conseguimos (realmente quienes no lo consiguen son ellos, porque son los que se tienen que lavar, asear, etc.), puesto que nuestra manera de intervenir no «invita a hacerlo»: es vivido como una orden y no como una propuesta. Podemos entonces sustituir las órdenes por preguntas de curiosidad, como: «Marta, ¿qué hay que hacer después de cenar?».

Esto no nos garantiza que el niño salga raudo y veloz a lavarse los dientes, pero sí nos va a evitar al menos que nos suelte un «no», y tú ya sabes que oír un «no» te pone en modo cocodrilo, te activa, altera, te prepara para la huida («Mira, haz lo que te dé la gana, yo ya no puedo contigo»), te paraliza («¿Cómo? ¿Que has dicho qué? No me lo puedo creer») o te predispone para el ataque («Se acabó, llorando te los

lavas, me da igual, ya aprenderás, que contigo se me agotan la paciencia y las buenas intenciones»).

Cuando la pregunta es sincera (sé que a nadie le gusta que le ordenen; que todos necesitamos un poquito de poder, que nos den opciones, y que mi hijo precisa desarrollar habilidades propias de la corteza prefrontal, como la lógica, el razonamiento, la solución de problemas…), ya no tiene cabida la orden, y pregunto de corazón: «Cariño, ¿qué había que hacer después de cenar? ¿Qué te falta antes de ir a dormir?». Y si además somos «divertidos», esto es magia.

De pequeños, a mis hijos les costaba mucho lavarse los dientes, por lo que fue necesario crear un hábito. Para eso, fijamos primero unas rutinas (ver sección «Rutinas»). Con uno de nuestros hijos, este momento era especialmente difícil: siempre decía que no sabía y no quería ni intentarlo. No se negaba a que le laváramos nosotros los dientes, pero tampoco quería hacerse cargo y empezar a coger él ese hábito de higiene. Entonces, nos dimos cuenta de que necesitaba un apoyo visual, así que recurrimos a los pictogramas (buscamos imágenes en internet de cómo lavarse los dientes y le imprimimos la secuencia, unas cuantas fotos en total). Parecía magia, iba todas las noches al baño, cogía el cepillo e iba haciendo cada uno de los pasos que veía en los dibujos. Resultó que era el que mejor se los lavaba, puesto que estaba allí en el baño, lo hacía despacio para copiar bien la imagen.

Con otro de nuestros hijos, todo tenía que ser un juego; así que me iba con él al baño y le empezaba a lavar los dientes, y «fingía» que me equivocaba y le cepillaba la nariz: «Uy, perdona, hijo, que me he equivocado», y volvía a los dientes. Luego, me equivocaba otra vez y le cepillaba la mejilla: «Ay, hijo, qué despiste tiene mamá…».

Con este simple gesto, le creamos el hábito de lavarse los dientes. Ya no lo asociaba como algo impuesto, ajeno a él, sino como algo divertido y agradable que le esperaba todas las noches. ¿Quién no querría lavarse los dientes más contento si hubiera alguien «ocupado» en que así fuera?

Para él, era un juego, un ratito con mamá, un recuerdo agradable y una manera divertida de hacer un hábito. Al final me decía, con su lengua de trapo: «Yo solo, mamá no sabe». Efectivamente, mamá se equivocaba muchas veces, y a él le servía de ejemplo y le permitía entender que equivocarse está bien y que no hay nada por lo que avergonzarse.

No hay mejor manera para establecer un hábito que ser consistente en ello. Para mí, lavarme los dientes es una costumbre tan arraigada que, cada vez que como, me los lavo. Y si no lo hago, me encuentro incómoda. Sin embargo, hay muchas ocasiones en las que me salto esa norma (por ejemplo, después de merendar o de comer, sobre todo si me pilla fuera de casa). Lo que no perdono nunca es la hora de ir a dormir: no me voy a la cama con los dientes sin lavar.

¿Y por qué te cuento todo esto? Pues porque es lo que he trasmitido a mis hijos, y esta es una de las cosas en las que se ve claramente el impacto que tiene ser ejemplo.

Nunca hemos hecho drama ni ha habido enfados, castigos o amenazas. Es más, en alguna ocasión, uno de mis hijos nos ha mentido cuando era la hora de ir a dormir y nos decía que sí se había lavado los dientes cuando sabíamos que no lo había hecho. Al principio, mi marido tendía a rebatirlo, y te aseguro que no solo no funcionaba, sino que era aún peor. Así que la solución durante un tiempo fue decirle: «Cariño, déjame que este último cepillado te lo haga yo para ver cómo están los dientes» (y no solo con el niño que «mentía», sino también con sus hermanos, para que viera que realmente, y así era, quería revisar cómo iba la boca). También recurrí a algún juego o a un momento de «distracción»: «Oye, ¿qué tal la película que viste ayer? No me has dicho nada...», y mientras íbamos juntos al baño.

Trasmitir que este hábito es importante y conseguir que se afiance dependen más de ti y de tu actitud de lo que crees.

Recuerdo una vez en la peluquería, hablando con el peluquero, una conversación muy curiosa sobre esto. Por aquel entonces, su hijo mayor tenía apenas 6 años, y el padre me decía que para él lavarse los dientes antes de ir al colegio era muy importante, pero que, cuando su hijo no lo hacía, él no se enfadaba, ni discutía, ni lo obligaba. Únicamente le decía: «Nacho (nombre ficticio), ¿estás seguro de que no te los quieres lavar?». Y si el niño le decía que sí, que estaba seguro, y no se los lavaba, el padre le daba una segunda oportunidad. Si el niño finalmente salía de casa sin lavarse los dientes, el padre entonces le decía, de camino al colegio: «Como tú has decidido no lavarte los dientes, yo he decidido que no puedas jugar con la Playstation el fin de semana». Consecuencia: niño llorando, suplicando, y el padre, firme, respondiendo que era lo que él había decidido.

En parte, esto podría ser correcto (si lo lleváramos a otro contexto y otra situación); sin embargo, realmente es un castigo y una dificultad para establecer un hábito.

¿Por qué? Pues porque el mensaje que estamos mandando es confuso: si para mí es importante que te laves los dientes, no dejo que te vayas al colegio sin lavártelos, o al menos te explico por qué considero que es importante que te los laves.

Si le digo que por no lavarse los dientes no tiene Play, no estoy «aplicando una consecuencia, sino un castigo», y encima le estoy diciendo a mi hijo: «Tú decides no lavártelos, y yo, para demostrarte quién manda, decido que no hay Play», que no está relacionada con los dientes.

La conversación en la peluquería dio para mucho, sobre todo para ver que, cuando necesitamos tener razón, porque es algo que llevamos muy «grabado a fuego», es difícil ver otra opción. Pero me quedo con los silencios del final y con la frase: «Bueno, intentaré lo que dices, pero ya te digo yo que con el mío esto no funciona».

Los hábitos se acaban adquiriendo, y si por algún motivo tu hijo no quiere/puede/sabe hacerlo, es ahora cuando tú vas a ejercer la paternidad aplicando herramientas útiles que te ayuden con estos retos en vez de castigos, pues esto solo hará que sienta culpa, vergüenza, daño, resentimiento o rebeldía.

Esto es ser padre: buscar soluciones efectivas a los retos del día a día, sin dañar el vínculo con tu hijo y sin hacer de un aprendizaje un problema que, a la larga, puede derivar en dificultades de conducta. Si te sirve, mis hijos ya hace tiempo que se lavan los dientes solos, y mi pena es si aún recordarán todas las noches en las que les hice un juego mientras les lavaba los dientes, las risas y los momentos con mamá…

DEBERES
UNA LUCHA CONSTANTE...

> —Juan, estás moneando mucho. ¿Quieres hacer el favor de ponerte ya a hacer los deberes? Que todas las tardes es la misma historia. Yo ya estoy cansada. Te vas a quedar sin tele este fin de semana, tú verás. Hijo, es que no espabilas. Para cuatro cosas que tienes que hacer, que esto te lo ventilas rápido y ya te puedes ir a jugar. Y es que eres un flojo, esto tú lo haces en 10 minutos, pero no te da la gana.

¿Te suena? Da igual si tienes hijos de 6-7 años como si tienen 16-17 años, parece que la historia se repite: «No, hoy no podemos bajar, porque Juan tiene examen»; «Uy este fin de semana, imposible, tenemos que estudiar Soci».

La confusión es tal que en la historia anterior imagino que dudabas si los exámenes eran del niño o de los padres...

Pues son del niño, siempre son del niño, pero los padres, no sé por qué extraña razón, nos hacemos cargo como si nos fuera la vida en ello y ser padres responsables implicara examinarnos con ellos (seguro que más de uno ha recibido a su hijo y le ha preguntado: «Cariño, ¿qué? ¿Qué nota hemos sacado?»). Pero ¿por qué nos supone tanto problema y dificultad a los padres? (Y no porque no sepamos hacerlos, que ese es otro cantar, sino porque es una lucha constante con nuestros hijos).

Primero de todo, te diré que, para ahorrarte muchos disgustos con este tema, es fundamental elegir un buen colegio y después tener un buen trato con el profesor de tu hijo.

Si, por cualquier razón, no has podido acceder al colegio que te parecía más respetuoso con el desarrollo de tu hijo y con tu conciliación de vida escolar y familiar, es importante que tengas en cuenta varias afirmaciones fundamentadas teórica y experimentalmente: está demostrado que mandar deberes fuera del horario escolar no ayuda a la mejora del aprendizaje. Pero vayamos por partes.

Deberes: ¿cuál es su objetivo y por qué los consideramos tan valiosos? Bueno, por un lado, porque eso es lo que nos dicen los maestros: «El niño tiene que repasar en casa lo visto para afianzar conocimientos», y nos lo creemos sin más, porque realmente lo que nos preocupa es:

- Que, si no hace deberes en casa, ¿qué otra cosa va a estar haciendo? ¿Móvil, tele, incordiar?

- Que no adquiera un hábito de estudio, de sacrificio, de esfuerzo (porque parece que lo que no se consigue con esfuerzo no tiene valor).

- Que piense que todo es fácil, que le van a regalar las cosas, o que, por el contrario, le resulte difícil, suspenda y tire la toalla, abandonando los estudios.

Deberes: ejercicios escolares que el profesor encarga al alumno y que este realiza fuera de la escuela y no en clase.

Es importante tener en cuenta aquí la edad. Porque, por supuesto, no es lo mismo exigir (mandar, pedir…) una ficha a un niño de 5, 6 o 7 años que a uno de 11, 12 o 15 años. Al igual que no es lo mismo el tipo de contenido que se pide ni la finalidad del mismo.

¿Qué pretendo cuando le pido a un niño de 5 años hacer una ficha de sumas? ¿Con qué finalidad lo pido o exijo? ¿Habría otra manera más efectiva de que el niño afianzara el concepto de la suma sin usar un ficha abstracta y sin mucha aplicación en el mundo real? Seguramente sí; sin embargo, parece más fácil tener estructura, un material sobre el que apoyarnos y dárselo al niño para que lo realice. Por ejemplo, «Ana tiene 5 manzanas y se come tres. ¿Cuántas le quedan?», o «Haz las siguientes operaciones: 5 - 3 =…?».

Estos «deberes» podrían hacerse de manera que tuvieran sentido para nuestro hijo y ese aprendizaje fuera real. Tan sencillo como decirle que, si tiene 5 legos y le deja 2 a su hermano, ¿con cuántos se quedaría? Y si quieres, después, que lo plasme en un papel.

Con 5 años es fácil que el niño quiera hacer los deberes, porque le permiten mostrar (y demostrar) lo que sabe, disfruta aprendiendo, haciendo cosas nuevas, pasando tiempo con papá y mamá, manipulando... Sin embargo, si el niño rechaza hacer los deberes, será el momento de parar y revisar qué está ocurriendo. ¿Por qué algo que debería gustarle se está convirtiendo en una carga? Quizá haya una dificultad oculta, un choque de intereses, una planificación inadecuada en cuanto al tiempo o momento de ejecución... Ya sabes, todo lo que puede haber debajo del iceberg.

Si nos encontramos en esta situación, forzar no va a ayudar. Es mejor buscar el momento para sentarnos, hablarlo y solucionarlo.

A veces, la dificultad la tenemos con un niño de 11 o 14 años, es decir, con niños más mayores que, supuestamente, ya tienen un hábito de estudio y en los que los deberes cumplen una función académica en cuanto a consecución de objetivos: aprobar y pasar de curso (el tema de aprender está dudoso).

Lo primero, echar la vista atrás... Si hemos acostumbrado a ese niño a hacer los deberes siempre con nosotros, a que tengamos que «insistir», ponernos con él porque, si no, no los hace, ya nos va a ser muy difícil dejarlo solo, esperando a que saque el curso adelante. Ahora, con 15-16 años, no puedes «dejarlo a su suerte» y permitirle experimentar las consecuencias de sus actos.

Esto podíamos haberlo hecho cuando tenía 7 u 8 años: «Si no quieres hacer deberes y en el colegio los exigen, tendrás que asumir las consecuencias que te imponga el profesor». Y aceptarlo y ver qué pasa. A veces, nuestro miedo a «fracasar» es lo que nos lleva a hacerlo por ellos, sin darnos cuenta de que, de esta forma, los estamos «incapacitando» y, en consecuencia, debilitando. Tú eliges: ¿quieres que fracase o quieres hacerlo débil?

¿Qué podemos hacer entonces?

1. Interesarnos por sus deberes, por lo que está estudiando. No limitarnos a preguntarle de qué es el examen y qué tiene que estudiar, sino favorecer que nos

explique, que pueda expandir su conocimiento, permitirle explorar, ir más allá de lo que sabe y darle una utilidad, un fin.

2. Hacer los deberes junto a él. No se trata de que se los hagamos nosotros, sino que nos sentemos junto a él mientras los realiza, haciendo lo que tengamos que hacer cada uno (por ejemplo, planchar al lado mientras él estudia).

3. Ser un ejemplo estudiando nosotros también. Aunque no lo creas, en las familias en las que los padres estudian, leen, aprenden, se interesan por temas nuevos, los hijos también se empapan de ello. Y aunque inicialmente nos parezca que no da sus frutos, los niños nos están observando y van sacando conclusiones.

Recuerda que, al lado de un hijo «evitativo», hay una madre complaciente, solícita, dispuesta, eficiente, rápida... Y no se trata de ti. Tu personalidad y futuro no están en juego, se trata de él, por lo que no necesitamos llevarnos una medalla a la madre más eficiente, sino a la madre que mejor alienta para que su hijo sea eficiente y capaz.

Y como siempre, miramos a Finlandia[3] para este tipo de cuestiones académicas. ¿Qué dice Finlandia sobre los deberes?

1. Entienden la educación, el aprendizaje, como un proceso en el que las claves son la alegría y la motivación para el descubrimiento.

2. El sistema tradicional era una trampa. Se ha demostrado la correlación entre deberes y éxito escolar; sin embargo, esto es válido para etapas superiores (secundaria y bachillerato), mientras que en las de infantil y primaria no se aprecian beneficios. En primaria e

---

3 Según los informes del Programa Internacional para la Evaluación de Estudiantes PISA, su educación es considerada una de las mejores del mundo. Desde el año 2000, sus alumnos obtienen los mejores promedios mundiales, y el nivel educativo finlandés está entre los más altos del *ranking*.

infantil, mantener la atención, no distraerse con facilidad, tener hábito de estudio, etc. es algo que aún no está consolidado, por lo tanto, no debe exigirse.

3. El exceso de deberes es contraproducente en todos los niveles y etapas educativas. Se han propuesto 10 minutos diarios, que se van incrementando por etapa; es decir, un niño de 1.º, 10 minutos, y uno de 4.º, 40 minutos; en bachillerato, 2 horas máximo. Si los niños necesitan más tiempo para realizar la tarea, habrá que revisar esta para ver qué está fallando.

4. Una de las razones por las que se «mandan» deberes es porque permiten afianzar los contenidos aprendidos, enseñan responsabilidad, hábito de estudio... Sin embargo, existen otras muchas alternativas para conseguir esto y de manera más eficaz (por ejemplo, que mi hijo tenga el hábito de preparar su desayuno para el cole).

5. En la mayoría de los casos, los deberes solo sirven para alargar la jornada escolar, sobrecargar al niño con «más de lo mismo», quitarle tiempo de ocio, juego, familia, horas de sueño, leer, deporte, amigos, etc.

6. La realidad es que los niños se quejan, los padres se enfadan; los niños protestan, los padres amenazan; los niños lloran, los padres se desesperan..., y así un día tras otro, sin tener aún clara la efectividad de los mismos. Estudios de la OCDE recogen que los tres países donde más horas dedican a hacer deberes son Italia, Irlanda y Polonia. Sin aparecer en ese estudio ningún país escandinavo, ni siquiera entre los diez primeros, que son los que mejores resultados académicos consiguen.

Si quieres saber más sobre la efectividad de los deberes, te animo a que leas el libro *El mito de los deberes* (Kohn, 2013).

Y te dejo aquí algunas opiniones de expertos basadas en estudios científicos:

H. J. Otto:

Los deberes obligatorios no consiguen unos logros académicos con una mejora suficiente para justificar que los mantengamos.

P. R. Wildman:

Cada vez que los deberes apabullan la experiencia social, el tiempo recreativo al aire libre y las actividades creativas, y cada vez que usurpan el tiempo destinado a dormir, no están sirviendo a las necesidades básicas de niños y adolescentes.

Me quedo con esta frase de Alfie Kohn:

Diría que las tareas son el principal y mayor extinguidor de la curiosidad infantil. Queremos niños completos, que se desarrollen social, física y artísticamente, y que tengan también tiempo para relajarse y ser niños.

EMOCIONES
¿POR QUÉ SON IMPORTANTES?

—¡No te enfades! Eso no es nada. ¿Te vas a enfadar por eso? ¿Y encima lloras?

—Mamá, odio a mi hermano. No lo aguanto.
—Mira, hijo, no digas tonterías. Tú no lo odias, lo quieres mucho. Ese no es un sentimiento bonito.

Pues resulta que las emociones son propias de cada uno y no podemos evitar sentirlas, por mucho que nos lo pidan… En todo caso, podremos ocultarlas. Si nos dicen que eso no es nada, que por eso no se llora, que no duele, seguramente lo que haremos será ocultar esa emoción, no mostrarla, pero no vivirla…, eso ya es demasiado. Las emociones son nuestras.

Pero ¿por qué pasa esto?

Nuestro hijo de 4 años nos muestra que se le ha caído la galleta en la arena y comienza a llorar, y nosotros ¿qué hacemos? Le quitamos ese «sufrimiento», negando su emoción: «Anda, no llores por eso, que te doy otra. ¿Qué importancia tiene una galleta?». Y si nuestro hijo de 8 años se da un golpe y empieza a llorar, rápidamente le digo: «Eso no es nada. Ala, ya pasó. Venga, a jugar. No pienses en eso». Y si nuestro hijo de 15 años nos dice que un amigo no le habla, ¿qué le decimos? Un ejemplo sería: «Bueno, ya ves, eso es que no era un buen amigo. Los amigos no hacen eso. No estés triste por eso. Ala, a otra cosa». Fin de la historia, caso resuelto, emoción tapada… Y si la tapo, ¿desaparece, o empiezas a darte cuenta de que eso por algún lado tendrá que dar la cara?

Y volviendo a la pregunta anterior, ¿por qué hacemos eso? Si ya todos sabemos que las emociones hay que gestionarlas, que no hay emociones buenas ni malas, que no podemos pedirle a alguien que no se enfade, que eso no es lo difícil. Lo difícil, como decía Aristóteles, es enfadarse con la persona adecuada, en el momento adecuado, en la forma correcta, en el tiempo concreto...

Cualquiera puede enfadarse, eso es algo muy sencillo. Pero enfadarse con la persona adecuada, en el grado exacto, en el momento oportuno, con el propósito justo y del modo correcto, eso, ciertamente, no resulta tan sencillo.

Resulta que nuestros hijos sí están trabajando inteligencia emocional en las aulas, conocen el monstruo de colores (Llenas, 2012), el emocionario (Valcarcel, 2013), etc., pero nosotros no tuvimos esa oportunidad. Hoy día, estamos descubriendo las emociones y nuestro mundo interior gracias a esto. Y tenemos a nuestro alcance muchos recursos para poder trabajarlas con nuestros hijos y alumnos (Ibarrola, *Cuentos para sentir: educar las emociones*, 2003).

Sin embargo, lo que aprendimos a esa corta edad dejó huella, y como en nuestra época «sentir» era algo que debía esconderse, así lo interiorizamos y ya nos sale de manera automática. Incluso sabiendo que actualmente las emociones hay que expresarlas, dejarlas salir fuera y experimentarlas, ponerles nombre y vivirlas.

La emoción, por tanto, hay que atenderla, validarla, reconocerla. ¿Y cómo hacemos eso? Con empatía, preguntas de curiosidad e interés real. Así, en los ejemplos anteriores podemos responder de forma muy diferente:

—Ay, cariño, se te ha caído la galleta. ¡Qué faena! Con lo que te gustaba esa galleta. Estás muy triste, ¿verdad? Yo también me habría entristecido si me hubiera pasado. De hecho, de pequeña me pasaba muchas veces y lloraba porque me sentía mal. ¿Tú qué puedes hacer? ¿Qué se te ocurre?

Según dicen los expertos, hay más de 200 emociones. Sí, muchas más… Y hablan de 6 emociones básicas, aunque ni siquiera en esto se ponen de acuerdo… Unos hablan de 8; otros, de 10; otros, ¡de 4!

Te hablaré aquí de las 6 emociones básicas: ira, sorpresa, asco, felicidad, miedo y tristeza. Y encima no hay emociones buenas ni malas, todas son necesarias, lo importante es saber gestionarlas.

¿Sabías que las emociones están íntimamente relacionadas con tu salud física y mental? Fíjate en lo que dices:

- «Me siento sano». Curiosamente, experimentas bienestar, mejora tu salud.
- «Me siento bien». Experimentas paz, calma.
- «Me siento triste». Experimentas pena, tristeza.
- «Me siento solo». Experimentas soledad.

Hoy sabemos que existen dos formas de responder ante una situación: sintiendo emociones negativas o emociones positivas (Seligman, 1998). Antes de hablar de ellas, vamos a poner en orden otras palabras que suelen ir asociadas:

- Pensamientos.
- Acciones.
- Interpretaciones.
- Sentimientos.

Según los estudios, primero pensamos, sometemos a evaluación (interpretamos) y, después, surge la emoción, que, según la evaluación que hayamos hecho, estaremos hablando de emoción positiva o negativa (sabiendo que no hay emociones buenas ni malas), y esa emoción nos provocará un sentimiento y nos predispondrá a la actuación, lo que nos llevará a un nuevo pensamiento.

PENSAMIENTO ⟶ EMOCIÓN ⟶ SENTIMIENTO ⟶ ACCIÓN/ CONDUCTA

Por tanto, cambiando tu forma de pensar, puedes cambiar tu forma de sentir y tu forma de actuar.

¿Y qué diferencia hay entre la emoción y el sentimiento?

Emoción	Sentimiento
• Intensa y rápida. • Corta duración. • Ocurre antes que el sentimiento. • Es más visual y observable por los demás.	• Menos intenso. • Más larga duración. • Surge tras la emoción. • No se observa fácilmente.

Según el psicólogo Paul Ekman —quien fue asesor en la película de Pixar *Del Revés* (*Inside out*, en inglés)—, existen 6 emociones básicas primarias fácilmente reconocibles a nivel universal: ira, asco, tristeza, sorpresa, alegría y miedo, y que usamos para mostrar lo que sentimos a través de nuestro cuerpo o expresiones faciales. A estas 6 emociones básicas añadió posteriormente una séptima: el desprecio.

Cuando en disciplina positiva hablamos de la importancia de «validar las emociones», de lo que estamos hablando no es de «dar al niño lo que quiera», sino de aceptar como legítima la emoción que está sintiendo.

Pongámonos en situación. Nuestro hijo se enfada cuando le apagamos la tele.

Situación A

—Oye, Juan, y no te vayas a enfadar ahora porque te apague la tele. Mira que no te la vuelvo a poner. A ver si estás tan feliz porque ves los dibujos, y es quitártela, y ya te vas a enfadar. Así no, eh, así no.

En la situación A, lo que hacemos es negar la emoción y no la permitimos.

Saber identificarlas, comprenderlas y gestionar las emociones, ya sean las nuestras o las de nuestros hijos, nos permitirá afrontar con éxito cualquier situación.

RECUERDA

La gestión de emociones en la primera infancia es externa. ¿Qué quiere decir esto? Que los niños aprenderán a gestionar sus emociones a través de nosotros y según cómo las gestionemos. De ahí que sea tan importante que los padres recibamos formación sobre gestión emocional.

Del mismo modo, debemos permitir que nuestros hijos vivan todas las emociones; en caso contrario, estaremos mandando el mensaje equivocado de que hay emociones buenas y malas, y no es cierto: todas las emociones cumplen una función, y es necesario vivirlas para domarlas, cambiarlas o aceptarlas.

Para ello, puedes hacer lo siguiente (a partir de los 2 años, tus hijos se beneficiarán de ello):

✓ Enséñale las emociones básicas.
✓ Fotografíalo poniendo diferentes caras con sus expresiones.

- ✓ Coloca un espejo a su altura, con el objetivo de que pueda «ver» cómo es la emoción que está sintiendo.
- ✓ Pregunta mucho por lo que está sintiendo: «¿Crees que a tu hermana le ha dolido?»; «¿Cómo crees que se siente papá?».
- ✓ Escucha activa: cuando le cuentes algo, recoge tus palabras y pregúntale si te entendió, con qué se quedó, etc.
- ✓ Crea espacios de comodidad donde se sientan libres para expresar lo que sienten. ¿Te duele oír que odia a su hermana? Entonces no dejará de odiarla, lo que hará es dejar de decírtelo, y te aseguro que eso no arregla nada. Porque que no lo veas no significa que no exista.

FRUSTRACIÓN
LA VIDA TE VA A FRUSTRAR...
CUANTO ANTES EMPIECES, MEJOR

—Entiendo esto que dices, y yo sí permito que mi hijo se frustre. Te cuento lo que hago: lo llevo a una conocida tienda de juguetes, bastante grande, con mucho donde elegir, y cuando estamos, allí le digo: «Solo puedes ver, no puedes tocar y, por supuesto, no puedes llevarte nada de la tienda». De esta manera sé que mi hija está aprendiendo a frustrarse.

Bueno, visto así, no seré yo quien diga lo contrario; sin embargo, sí me gustaría matizar algo...

Tolerar la frustración significa entender y aceptar que no siempre podemos conseguir todo lo que queremos, pero el matiz es que eso no implica sufrimiento, y menos que sea un adulto el que lo provoque.

Como hemos visto en los capítulos anteriores, solo podemos dar dos vidas a nuestros hijos: una mala (esa no la queremos nadie) o una difícil (la que vivimos y para la que los tenemos que preparar). Tú eliges si prefieres debilitar o frustrar. Si los debilitas, les estás dando una vida mala; si los frustras, les estás dando una vida difícil.

Todo esto que digo, si lo sacamos de contexto, seguramente no se entienda. ¿Cómo que le voy a dar una vida difícil a mi hijo? ¿Cómo que elijo que se frustre? Bueno, pues lo que estoy diciendo aquí no es otra cosa que lo que dice Rudolf Dreikurs: «Debemos preparar a nuestros hijos para la vida», y la vida no es fácil.

La clave está en cómo vamos a hacerlo. Si yo le digo a mi hijo: «No vas a ir al partido porque no me da la gana y punto, que ya te lo he dicho 40 veces y me estoy cansando de escuchar tus lloriqueos», lo estoy debilitando, haciendo de menos, humillando, hiriendo...

Si yo le digo a mi hijo: «No, hoy no puedes ir al partido. Sí, sé que no lo entiendes aunque mamá te lo ha explicado. Siento que te sientas así, entiendo que no es fácil depender de otros para hacer lo que quieres. Hoy no te puedo llevar», le estoy frustrando sus ganas de ir y lo estoy acompañando, conectando y validando. La vida es difícil, no siempre se puede todo lo que se quiere, pero no por eso tengo que añadir más dolor a la situación.

No es lo mismo frustrarse uno mismo (por ejemplo, se me rompe la punta del lápiz y no tengo sacapuntas, por lo que me siento frustrado, ya que no podré terminar mi dibujo) que provocar la frustración en los hijos, como sucede en el ejemplo de la tienda de juguetes, en el que yo, como padre, «creo» y, sobre todo, «aplico» esa frustración.

La diferencia en las consecuencias, resultados o efectos provocados a largo plazo también va a ser diferente.

El primer caso (ir a una tienda solo para no comprar nada) genera más bien rabia. Piensa en cómo te sentirías tú si voy a buscarte a casa, te digo que nos vamos juntas de compras, te llevo a una tienda con ropa, seguramente la que necesitas o que estabas buscando, y nada más llegar, te digo: «Se mira, pero no se toca, y de aquí sales sin nada». Como poco, rabia o enfado, incomprensión, desafío o ingenuidad.

Aprender a tolerar la frustración en la infancia es más complejo de lo que parece, porque implica otros aspectos para los que los niños no están preparados.

Como ya vimos al hablar del funcionamiento cerebral, en la infancia aún no están desarrolladas por completo las funciones de la corteza prefrontal y neocórtex, encargado de las funciones ejecutivas: planificación, control de impulsos, postergación, paciencia, demorar una gratificación... ¿Te suena? Todo eso que le pedimos a nuestro hijo con 4, 5 o 6 años no está preparado para llevarlo a cabo. Y la manera en la que nosotros reaccionamos, lejos de ayudar, provoca más rabia, gritos, pataletas, llantos..., malos comportamientos.

Sin embargo, ¿quiere decir esto que no podemos hacer

nada? ¿Que hasta que cumplan 9-10 años no van a tolerar un «no», o van a tener que esperar, aguantar la frustración?

Enseñar a nuestros hijos (y también a algunos de nosotros…) a tolerar la frustración no es tarea fácil, pero tampoco es imposible y, sobre todo, es necesario.

En muchas ocasiones, los padres, en un intento de evitar sufrimiento a nuestros hijos (algo totalmente lícito, porque ya hemos dicho antes que tolerar la frustración no tiene por qué conllevar sufrimiento), los privamos de una experiencia de aprendizaje necesaria para la vida adulta.

«Es que no quiero que sufra, ya tendrá tiempo en la vida para sufrir». Y esto es cierto; sin embargo, podemos ayudar a nuestros hijos a tolerar la frustración sin hacerles sufrir:

—Mamá, yo quiero ir al cumpleaños de Marta.

—Ya, cariño, lo que pasa es que mamá trabaja y no te puede llevar.

—¡Pues yo quiero ir! Te odio. Siempre igual, siempre me pierdo todos los cumpleaños.

—Ya, hija, sé que es una faena. Te apetecía mucho ir porque Marta es muy amiga tuya, ¿no? ¿Te parece que miremos otras opciones? ¿Qué podemos hacer?

—Pues, si no puedo ir ese día, la llamo y me llevas otro para que pase la tarde con ella.

—Vale, me parece buen plan. Luego miramos un día con su madre. También podemos hacer una videollamada el día de su cumple. ¿Eso te gustaría?

—No, eso no, porque lo voy a pasar peor viendo cómo se lo pasan todos juntos. Ya que me quedo en casa, veré una peli con palomitas. ¿Vale?

—Sí, vale. Siento, hija, que haya coincidido así.

—Ya, bueno, no pasa nada.

Nuestros hijos van a frustrarse por muchas cosas a lo largo de la vida, y lo que nosotros podemos hacer como padres es ayudarlos a gestionar esa emoción y desarrollar estrategias y recursos para no quedarse «anclados» en ese sentimiento de impotencia.

Piensa que las frustraciones de la infancia no serán ni la cuarta parte de lo que llegará en la vida adulta, y cuantas más herramientas y recursos tenga para afrontarla, más capacitada estará para ello.

RECUERDA

La frustración es «impedir que un proyecto, una idea, etc. que una persona ha empezado o tiene intenciones de empezar ocurra como se desea o alcance el grado de desarrollo o perfección esperado». Es decir, «quitar a una persona la posibilidad o la esperanza de satisfacer una necesidad o un deseo».

¿Realmente nuestros hijos necesitan que los frustremos para aprender? Soy de las que piensan que la vida ya los va a someter a muchas situaciones de frustración, que en el día a día hay miles de oportunidades para comprobar esto. Por lo tanto, no tiene ningún sentido (y sobre todo, no hace ninguna falta) que generemos esas situaciones. ¿Acaso tienes miedo de que su paso por la vida sea un camino de flores?

Te aseguro que la vida ya se va a encargar de hacerlo fuerte, y a ti, como madre o padre, no te queda otra que alentarlo para salir airoso de esa situación y generar en él o ella la resiliencia.

INSULTOS
¡A MÍ NO ME HABLES ASÍ!

—Pedro, ponte de una vez los calcetines, te lo he dicho 20 veces ya. Te apago la tele ahora mismo, a ver si espabilas, que estás atontado.

—Eres una tonta de la puta mierda.

—¿Que has dicho qué? Te pego un tortazo que te vuelvo la cara, ¡igual que un calcetín! Me vas a hablar a mí así. Ni se te ocurra decírmelo otra vez.

—Tonta.

—Te la estás ganando.

Recibir un insulto, del tipo que sea, es algo que a los padres nos altera mucho. Nos destapa. Hay edades en las que los insultos forman parte de su vocabulario habitual. Y lo son sin ser conscientes de lo que están diciendo realmente. De hecho, con niños pequeños ayuda preguntarles si realmente saben lo que significa la palabrota o el insulto que acaban de emitir. Normalmente, ni lo saben ni lo organizan bien en la frase. Lo que sí saben es que tiene su efecto. Hay una reacción, y eso es lo que buscan: el impacto. Por ello, sea como sea, la clave es responder con calma para conseguir que este periodo sea pasajero y termine lo más pronto posible.

En torno a los 5 años, es habitual encontrarnos que los que hasta ahora habían sido niños amorosos comienzan a sorprendernos con insultos, malas contestaciones, palabrotas…

Algunos no pasan del «tonta», «que me dejes», «vete», «te odio»…, y otros van a un nivel superior, con insultos «más graves».

Y como te decía antes, si te fijas, realmente no saben lo que dicen. Recuerdo una vez en la que uno de mis hijos llamó a su padre «tonto, puta, gilipollas». Si lo piensas, no estaba siendo consciente de lo que decía… Pero imagina que me lo dice a mí..., habría creído que me llamaba todo eso «conscientemente».

Cuando las palabrotas son de mayor calibre, lo que tenemos que revisar es a qué conversaciones está expuesto el niño:

- Tal vez programas televisivos no acordes a la edad. Ahora es muy habitual que los niños pasen más tiempo delante de la tele, de una *tablet* o de un ordenador. Y aunque creamos que no están expuestos a programas de mayores, les llegan hasta de los dibujos. Recuerdo una vez en la que, viendo un capítulo de *Bob Esponja* con mis hijos (el mayor tenía 11 años, y el pequeño, 5), Calamardo llamó «imbécil» y «estúpido» a Bob Esponja (son unos dibujos no recomendados para menores de 7 años, pero a veces en algunos capítulos no aparece la calificación por edades). Son unos dibujos «sin maldad»; sin embargo, si nuestros hijos los ven, y ven el contexto, la finalidad, la manera de relacionarse..., están aprendiendo cómo hacerlo ellos.

- A veces, están con nosotros en conversaciones de adultos, donde incluimos «tacos» para enfatizar nuestro argumento, y ellos, aunque estén «a lo suyo», se enteran perfectamente. Si no, piénsalo en ti. Puedes estar metida en tu mundo, trabajando delante del ordenador, ajena a lo que ocurre a tu alrededor, hasta que oyes un tono de voz más alto de lo normal que te saca de tu estado de «concentración». Pues eso les pasa a los niños en mayor medida. Normalmente, nos están observando y están absorbiendo lo que captan de su alrededor. Les llegan las emociones más que los conceptos, porque su cerebro, a esas edades, funciona fundamentalmente con la parte más emocional.

- Y luego está el colegio, los amigos, que vienen de sus casas, de sus padres y sus madres, y del contenido televisivo al que tienen acceso.

Yo soy una persona que llevo muy mal escuchar palabrotas. Vengo de una educación en la que no estuve expuesta a palabras salidas de tono (quizá en exceso, no sé), y mi marido, por su parte, viene de una educación en la que se enfatizaban todas las palabras añadiendo «un taco», y porque donde él nació es algo cultural o habitual y lo usan para dar énfasis a la conversación. Pues imagina ahora… Es habitual ir a casa de los abuelos y escuchar palabrotas, y mis hijos, que saben que a mamá no le gustan, se ríen, las repiten, me miran, buscan mi reacción…

En casa hemos llegado a un acuerdo: como yo no digo palabrotas, ellos conmigo tampoco. Pero si a mí se me escapa alguna (y eso ocurre algunas veces), ellos pueden repetirla. Es una tontería, pero les gusta, no hacen daño a nadie y se ríen, por lo que me ayuda a «distender» la situación.

Y mi hijo mayor sí dice palabrotas fuera de casa. Cosa que no me gusta nada, y lo sabe, porque le he dicho que, cuando usas una palabrota, corres el riesgo de habituarte e incluso de «encasillarte», pero es su decisión y su manera de buscar pertenencia entre sus iguales, y mi papel como madre es informarle y aconsejarle.

De todos modos, si uno usa una palabrota para ponerle énfasis a su enfado, no tenemos que hacer un drama. A veces, mi hijo mayor me dice: «Mamá, estoy muy enfadado, ¿puedo decir un taco?», y yo le contesto: «Si te sientes mejor…», y entonces lo dice o no lo dice.

Lo que está claro es que no es lo mismo decir una palabrota para desahogarte contigo mismo que para hacerlo contra alguien. Esto último constituye una falta de respeto, y eso es lo que tenemos que reconducir.

Recuerdo un día en que mi hijo mayor llamó «memo» a su padre, se lo llamó dos veces seguidas, y mi marido se enfadó muchísimo. ¿Qué habrías hecho tú si tu hijo te llama «memo»? Piénsalo bien, porque lo que respondas tendrá más que ver contigo que con el insulto en sí, porque no a todos nos enfada que nos llamen «memos»… Esto no quiere decir que, si a mí me afecta, el problema sea mío y entonces el niño pueda llamarme «memo» tantas veces como quiera.

No, no es eso lo que estoy diciendo. Lo que digo es que el insulto cumple una función: cuando nos sentimos heridos por algo que dijo nuestro hijo, pueden estar ocurriendo dos cosas: por un lado, que nuestro hijo esté expresando su dolor provocando dolor en nosotros, y por otro, que hay muchas heridas de la infancia que tenemos aún sin cerrar y que se abren en momentos en los que nos sentimos amenazados.

A veces, con el insulto, el niño solo busca (de manera equivocada y por inexperiencia) que la otra persona se sienta tal mal como él o ella se está sintiendo. Ya sabes que solo es un niño y quiere pertenecer, pero no sabe cómo.

¿Qué podemos hacer entonces? Explicarles que esa no es la manera adecuada de comunicarnos que está enfadado/a y cómo sí pueden hacerlo: un dibujo, arrugar un papel, pedir ayuda, contar cómo se siente... Haz que recapaciten sobre cómo suena lo que acaban de decir y el impacto que tiene en otras personas: su hermano, abuelo, etc.

Recuerda que puede recurrir a las palabrotas porque está buscando algo concreto y cree que así lo va a conseguir. Darle herramientas alternativas y practicarlas le permitirá poco a poco ir desterrando ese vocabulario; sin embargo, si saltamos, perdemos los nervios, de manera inconsciente le estamos «justificando» su actitud.

Como te decía más arriba, en la mayoría de los casos solo buscan expresar cómo se sienten, pero no tienen «alternativas». Dile que puede hacer «buff» o apretar los dientes, expresar un «ayyy», un «joooo» o un «brrrr»..., sonidos y expresiones que no dañen, porque el insulto tiene otro significado que él/ella no entiende. Cuando son más mayores, puedes preguntarles directamente qué creen que significa esa palabra y si realmente era eso lo que querían trasmitir.

Sugerencias ante insultos:

- Mantén la calma. Si evitamos mostrar una reacción desmedida, horror, aspavientos..., conseguiremos que esta fase quede limitada a un breve tiempo.

- Déjale ver que eso que ha dicho es irrespetuoso y no es un lenguaje adecuado para su edad ni para nadie (recuerda lo de predicar con el ejemplo): «En casa no usamos ese vocabulario para expresar nuestros sentimientos, pero puedes hacer...». Reconoce su emoción, valida el sentimiento del enfado y reconduce: «Veo que estás muy enfadado, puedes decírmelo de otra manera para que yo me entere, en lugar de con insultos».

- Expresa cómo te hace sentir oírle hablar de ese modo para que él/ella pueda ponerse en tu lugar (aunque recuerda que la empatía también se desarrolla con la edad, y difícilmente antes de los 6 años). Aprovecha para trasmitirle la importancia del respeto mutuo: «Yo te hablo bien, y quiero escuchar lo que me dices con respeto».

- Relativiza y recurre al humor; a veces, con el simple hecho de inventarte otras palabras (*cuchufleta, cascazas, relámpagos...*). Recuerdo una vez en una escuela infantil que una niña me llamó «tonta», y su madre, que estaba delante, se quedó a cuadros..., y cuando iba a regañar a la niña, me oyó decirle: «Y tú coliflor». La niña me llamó «zanahoria», yo la llamé «brócoli»..., y acabamos riendo. Si hubiera sido mi hijo, habría hablado luego con él, le habría explicado que tenemos que decir las cosas sin herir a otros y que fue muy divertido intercambiar palabras con él. En este caso, como la madre era educadora del centro, se «escandalizó» al ver que su hija hacía eso (ella, que con dos añitos tenía que dar ejemplo). La educadora y yo pasamos un rato agradable dándonos cuenta de que quitar hierro al asunto, poner unas notas de humor, cambia mucho el rumbo de los días. ¿No te parece?

También me gusta mucho recurrir a cuentos en los que hay muchos recursos para hacernos «la vida más fácil a los papás». Yo les he contado a mis hijos el de *La mochila invisible*, de Anna Morató (Morató, *De mayor quiero ser feliz*, 2018). Me encanta ese cuento en el que, cuando un niño habla mal, se vuelve muy pesado y no podemos levantarlo, y cuando habla bien, es ligero y podemos cogerlo con facilidad. También podéis recurrir al monstruo de las cosquillas o tocar el piano en su barriguita, hasta que digan cosas bonitas...

RECUERDA

- ✓ Somos ejemplo. Aprenden más de lo que ven que de lo que decimos. Cuando trasmitimos respeto, enseñamos respeto.

- ✓ Cuando los niños son pequeños, necesitan tiempo para adquirir habilidades y poder expresarse correctamente, distinguiendo lo que está bien de lo que no.

- ✓ Una cosa es lo que hacen, y otra cosa, lo que sienten. Ayúdalos a diferenciarlo. Sentirse así es lícito, necesitamos aprender a expresarlo adecuadamente.

- ✓ Revisa a qué contenido están expuestos y trabaja con ellos la diferencia entre el respeto y la falta del mismo.

- ✓ Si los niños son más mayores, esto te servirá también: hazle ver a tu hijo cómo esperas que se exprese y recuérdale que el respeto debe ser recíproco.

LLANTO
¡PIDE LAS COSAS SIN LLORIQUEAR!

> —Es tan blandito… Es que lo pide todo llorando. Me tiene negra con los lloriqueos, y mira que le digo que me pida bien las cosas, que así no le pienso hacer caso…

Situación recreada… lejos de la realidad:

> —¿Ya estás otra vez lloriqueando? ¿Así es como se piden las cosas? Ay, hijo mío, si es por ti, que se va a reír todo el mundo de ti… *nininini*… Hijo, que yo no quiero hacerte burla, es para que veas cómo se ve… ¿A que es de bebés? ¿Y tú eres un bebé? ¿A que no? ¿A que ya eres grande y no haces cosas de niño pequeño?…

Y cuando la madre o el padre ha dicho todo eso y más, entonces vemos la cara de ese niño, que quizá ha dejado de lloriquear de golpe para pasar al llanto real o a la rabia y frustración por no sentirse entendido, además de humillado. Por no encontrar consuelo en quien más apoyo debe darle en esos momentos… Y sí, sé que a veces es estresante, que nos hace saltar como un resorte:

> —Pero es que… ¡todo el día igual! Pidiendo las cosas lloriqueando. Es que llora por todo, y la vida es muy dura, y tendrá que espabilar. Y entonces, como la vida ya le va a «dar palos», yo le voy dando unos poquitos para que se haga duro… Porque a mí me los dieron y me fue muy bien…, ¿verdad?

¿Verdad que estamos muy bien y tan mal no hemos salido? Y digo yo… ¿es que había que salir de algún sitio?

Pero que me lío y me voy del asunto. Que esto no va de nosotros como adultos, ¿o sí? Porque resulta que yo salto y llevo mal que mi hijo lloriquee…, y esto va de mi hijo, que no quiero que sufra…, que sufro al verlo así…

Bueno, pues veamos entonces qué podemos hacer para ayudar a nuestro hijo a dejar de «usar» el llanto como estrategia de pertenencia o de búsqueda de atención.

¿Por qué se llora? ¿Para qué está el llanto?

Todos tenemos claro que el llanto es propio de los bebés porque necesitan expresar lo que les pasa, les molesta o necesitan, y no tienen otro modo para comunicárnoslo, porque aún no han desarrollado el lenguaje oral (como dato curioso: hoy se sabe que muchos niños hijos de padres sordos hacen muecas, gestos que simulaban el llanto, pero no emiten sonidos ni lloran, aprendiendo que sus padres no podrán responder al sonido, pero sí a los gestos y expresiones faciales). El llanto es también la «herramienta» que tenemos para mostrar tristeza o dolor.

¿Sabías que somos la única especie animal que llora?

Resulta que somos una especie que se desarrolla muy despacio; de hecho, nacemos indefensos, «antes de tiempo», y esto hace que de bebés seamos tan dependientes. Cuando los bebés necesitan comunicarse, recurren al llanto. Con unos 3-4 meses comienzan a gritar, a oír, a sentir su voz y a practicarla. Cuando ya gatean, gritan menos, porque se desplazan y no necesitan gritar tanto, pueden llegar hasta sus padres y llorar en un tono más bajo, y las lágrimas son la forma de expresar lo que necesitan a quien creen que podrá atenderlos (la madre o el padre generalmente, o quien esté a su cuidado).

Pero ¿y por qué cuando ya saben hablar siguen llorando? En palabras del psicólogo Tilburg Ad Vingerhoets[4], «llorar es

---

4   Tilburg se ha especializado en estrés y emociones. Es autor de investigaciones sobre la frustración, la nostalgia o las consecuencias sociales y psicológicas de no llorar.

una señal social generadora de empatía mucho más poderosa que cualquier palabra».

Aristóteles decía que llorar nos libera del odio y del egoísmo. Dostoyevski escribió que las lágrimas purifican el corazón. William Frey, científico, defendía que las lágrimas emocionales contienen más hormonas del estrés que las lágrimas que provienen de situaciones reflejas (por ejemplo, pelar cebolla). Sin embargo, en su estudio, se vio que llorar no siempre nos hace sentir mejor. Y entonces ¿de qué depende que tras llorar nos sintamos aliviados? Pues de la persona que tengamos enfrente; por lo que, si tú eres el adulto al que tu hijo acude llorando, según cómo actúes, así se sentirá él... Resulta que sí va de nosotros...

Cuando lloramos, lo que menos necesitamos es un comentario hiriente, una etiqueta, un reproche, un apodo (si crees que no vas a poder y vas a caer en herir, aléjate hasta que encuentres la manera de comunicarte con tu hija de manera cariñosa), y lo que buscamos es consuelo (quizá puedes ofrecerle sentarse contigo, a tu lado, darle un abrazo, estar acompañado mientras llora). Los niños, igual.

Entonces, ¿qué podemos hacer?

- Permitir que nuestro hijo se exprese. Si comienza lloriqueando, podemos hacer una mueca, un gesto o un sonido para trasmitir que estamos ahí, pero sin intervenir ni decir nada, permitiendo que nuestro hijo trate de resolver el conflicto por él mismo.

- Poner palabras a sus sentimientos, ayudarlo a comunicarse si creemos que es eso lo que está fallando: «Hijo, estás muy enfadado. Siento que estés así» (a veces, la conexión es suficiente y no necesitamos añadir nada más cuando lo estamos haciendo de corazón).

- Enseñar maneras efectivas de comunicar sus necesidades: «Cariño, ¿te gustaría usar el TFP (tiempo fuera positivo) conmigo?».

RECUERDA

✓ El llanto es natural, necesario, un proceso evolutivo, y junto con la risa, permite liberar el estrés. No lo coartes o limites en expresar lo que siente.

✓ Los niños necesitan sentirse aceptados incondicionalmente. Si sientes que está recurriendo al llanto para llamar tu atención, actúa, revisa qué necesidades no cubiertas pueden estar debajo del iceberg, y si está buscando pertenecer de manera equivocada.

✓ A veces, como en muchas otras ocasiones, es mucho más efectivo enfocarnos en lo positivo (curiosamente, cuando solo nos enfocamos en lo negativo, esto parece mayor de lo que es y seguimos «alimentándolo» para que no deje de ocurrir. Deja de prestar atención a los «lloriqueos», da alternativas, enseña, modela, y siempre conecta y empatiza primero (asegúrate de que el mensaje del amor siempre llegue).

✓ Revisa si tu manera de actuar es parte del problema: a menudo, los padres, sin darnos cuenta, atendemos los lloriqueos de nuestros hijos, y ellos aprenden que esa es la única forma de salirse con la suya: «Ay, Paco, dáselo ya, que por no oírlo...». Otras veces estamos siendo demasiado «controladores», y los niños muestran su disconformidad a través del llanto, gritos, lloriqueos, pataletas... Sustituye órdenes por preguntas para bajar la frustración y el sentimiento de falta de control sobre su vida que pueda estar sintiendo el niño, incluso, con niños más mayores, puedes plantear el problema en una reunión familiar: «Chicos, últimamente me doy cuenta de que pedimos las cosas de tal manera que luego nos hacemos daño o nos sentimos mal; por ejemplo, lloriqueando. ¿Qué os parece si creamos un código nuestro para avisarnos de cuándo se nos va a ir la tapa? ¿Creéis que ayudaría?».

✓ Expresa cómo te sientes tú cuando él/ella «lloriquea»: «Cariño, sé que puedes decirlo de otra forma. No me gusta oír que lo pides así. Estaré en la cocina, esperando a que me lo digas de manera que pueda entenderte». Mientras estés haciendo este cambio, es conveniente que le avises previamente de cómo vas a reaccionar si lloriquea para que entienda que no lo estás ignorando o dando de lado.

Por cierto, como curiosidad, Tilburg también dice que las lágrimas de la felicidad no existen, porque, cuando lloramos, es porque recordamos alguna situación, hecho o persona que añoramos en ese momento. Por ejemplo, el día de tu boda, lloras porque echas de menos que tu padre estuviera allí ese día; cuando ganamos una carrera, una medalla, lloramos porque nos damos cuenta de cuánto nos ha costado llegar hasta allí, del esfuerzo y dedicación... ¿Estás de acuerdo con esta afirmación o podrías ponerme un caso en el que se llore solo de felicidad?

MENTIRAS
¡LO SABÍA! ¡ERES UN MENTIROSO!

Observa las siguientes situaciones que te expongo:

SITUACIÓN A

Las seis de la tarde, un día cualquiera. Mamá está a sus cosas y se da cuenta de que hay mucho silencio en casa... (Si tienes hijos, te puedes imaginar que algo está ocurriendo y que quizá es el momento de ir a ver).

La madre llega a la cocina y se encuentra a su hija de 6 años subida en la encimera; la puerta del armario, entreabierta, y la cara, llena de chocolate...

—Paula, ¿tú has comido chocolate?

—No, mamá... —contesta Paula, mientras se limpia y se tapa la boca con la mano (aún está tragando un trocito de chocolate).

—¡Oye, a mí no me mientas! Esto es ya lo que me faltaba por ver! Pero si te estoy viendo ahí subida... ¿Qué haces ahí subida, eh? ¿Qué haces entonces? Y las manos, y la cara, todo con chocolate... ¿Me vas a mentir a mí, que soy tu madre?

—No, mamá.

—Paula, mira, mentirosa no, ¿eh? Eso es lo que menos le gusta a mamá. Si me mientes, te voy a dejar de creer —lo que oye Paula en ese momento es «querer»—, y ya mamá no se va a fiar de ti. Y por mentirme, te voy a castigar, para que aprendas y no lo vuelvas a hacer.

¿Y qué aprende Paula?

Veamos, a continuación, qué sucede en la situación B.

SITUACIÓN B

La mamá de Pablo ve que ha cogido el juguete de su hermano pequeño y que lo está escondiendo en su espalda.

—Pablo, ¿has cogido el cochecito de tu hermano?

—No.

—¿Cómo que no? ¡Si te he visto esconderlo detrás de la espalda! Y además te he visto jugar con el cochecito... ¿Cómo se te ocurre mentirme? ¿Qué pasa, que te vas a reír de nosotros? ¿Te parece normal?

—No...

—¿No? ¿Eso es todo lo que tienes que decir? De verdad, ¡que yo ya no sé qué hacer contigo! Mira, ahora vas a estar castigado por cogerle el cochecito a tu hermano, y no sé qué voy a hacer, pero de esta te enteras. Qué egoísta es el niño, y encima, mentiroso. Debe ser que esto es lo que a ti te gusta, que esté mamá enfadada todo el día. Pues, ala, ya lo has conseguido.

—Mamá, yo es que...

—Ni se te ocurra decir nada más. Porque, además, ya ni te voy a creer. Vete a tu cuarto, por mentiroso y por quitarle las cosas a tu hermano.

Después de una conversación así, el niño puede:

a) Resignarse: «Soy lo peor».

b) Vengarse: «De esta se entera mi hermano. Por su culpa».

c) Recapacitar: «Qué bien me viene que mi madre me llame "mentiroso" y no me deje explicarme, y así me doy cuenta de que _____ (complete con lo que proceda).

Como ya imaginarás, la respuesta C nunca ocurre...
¿Cómo podríamos haber evitado las otras dos (A y B)?

—Hijo, he visto que le has cogido el cochecito a tu hermano…

—No…

—Sabes que es su juguete preferido… ¿A ti también te gusta?

—Sí, mamá, yo también quería tenerlo un poquito, y lo cogí cuando no miraba porque quería jugar con él. Lo he visto ahí y he pensado que no lo quería…

—Ya imagino, pero lo suyo es preguntar primero, ¿no? Ve a hablar con tu hermano, anda.

—Vale, ya está. Dice que luego le tengo que dejar el coche teledirigido un rato. Ya se lo he dejado.

Después de esta conversación, el niño puede:

a) Aprender de sus errores.

b) Reparar el daño cometido.

c) Aprender cómo se resuelven los conflictos.

d) Todas las anteriores son correctas.

¿Y por qué mienten los niños?, te estarás preguntado…
¿Por qué miente un adulto?, me pregunto yo.

Dos amigas se encuentran en la calle. Una le dice a la otra:

—No te lo vas a creer… ¿Pues no va el otro día y me dice que un día de estos coge la puerta y se va? Y después de decirme eso, va y pega un portazo, haciendo como que se ha ido. ¿Te imaginas cómo me quedé?

—Ay, tía, ya imagino, qué mal… ¿Cómo te puede hacer eso? Menudo bruto. La verdad es que no sé cómo lo aguantas, con esas cosas no se juega. No puedes vivir con la incertidumbre de que un día coja y se vaya. Nadie se merece vivir sintiendo que lo van a abandonar de un momento a otro.

> —María, un día de estos cojo la puerta y me voy, y ahí os quedáis. A ver si de una vez...
>
> Y María se queda llorando.

Por cierto, que nadie se asuste, que María solo tiene 6 años, y fue su padre quien dijo que se iba, pero todos sabemos que no lo va a hacer... Ahora, si María tuviera 42 años y el que se lo dijera fuera su marido, eso ya sería otro cantar, ¿verdad?

Normalmente, la mentira cumple una función, y es evitar algo peor.

- Miedo a las consecuencias de decir la verdad. Si tu hijo te miente, quizá toque revisar qué clase de relación estáis construyendo. Tal vez no seamos conscientes de que nuestro hijo puede haber interpretado que decir la verdad traerá alguna consecuencia negativa: tu rechazo, tu crítica, tu desprecio, tu incredulidad... Revisa si la conexión y la comunicación con tu hijo son sinceras, si tú tampoco le mientes y si puede confiar en ti. Y no porque le digamos «Puedes confiar en mamá», sino porque se lo mostramos cada día.

  Recuerdo una vez, hablando con una amiga, que su hija de 7 años había llevado una chuleta a clase y no se lo había dicho a la madre. Esta no podía creer que su hija hubiera hecho algo así. Una niña brillante, correcta, que siempre sabía cómo contentar a la familia, buena estudiante (era la primogénita, ¿qué esperabas? Ya te hablaré de esto más extensamente cuando abarquemos la importancia del orden de nacimiento). ¿Imaginas el peso que llevaba esa niña sobre sus espaldas? ¿Cuánto se había proyectado sobre ella con cada alabanza: «Ay, hija, qué bien se te da»; «Siempre te portas tan bien»; «Tú sí que me ayudas»... Y una parte la ponemos los padres con nuestras frases, pero otra, aún mayor, la ponen nuestros hijos con su lógica privada y su interpretación.

- A veces, simplemente está probando a ver qué pasa. ¿Realmente mamá lo sabe todo? ¿Lo que yo pienso lo sabe mi mamá? ¿Ella está en mi cabeza? Muchas veces, sin darnos cuenta, decimos frases que, lejos de no tener importancia, marcan un antes y un después. ¿Alguna vez has oído a un adulto decir: «Mamá lo sabe todo»; «A mí no me puedes mentir»; «Yo me entero de todo»; «Sé lo que piensas, estoy en tu cabeza», o «Me lo ha dicho un pajarito»? Esto lo decimos porque lo hemos oído a nuestros padres, porque eran frases habituales cuando éramos pequeños, y seguimos usándolas en un intento de «controlar» a nuestros hijos. Si lo piensas, esas frases dan mucho miedo. Imagina que eso fuera verdad y la gente pudiera leernos la mente...

- Otras, porque decir la verdad hace daño y no aporta valor. Elegimos mentir para proteger a los que más queremos. Te pongo un ejemplo. Hace un tiempo, un miembro de mi familia estuvo muy enfermo, y mi madre nos pidió que no se lo dijéramos a nadie (que mintiéramos), porque esa información podría hacer más daño que aportar valor. Era ocultar información, y a la vez era mentir cada vez que nos preguntaban qué tal estábamos y contestábamos: «Todo bien». Fue una época de incertidumbre donde no sabíamos cuál iba a ser el desenlace, así que la mejor elección fue ocultar la verdad, hasta que supimos que esa persona estaba fuera de peligro. Nuestros hijos pueden mentirnos por ese motivo: por miedo a que la verdad nos haga más daño que la propia mentira.

- Y otras, por el miedo a defraudarnos. Quizá lo que ha hecho no está muy bien visto y va a dejar entrever que esa persona no es tan «perfecta» como creíamos. Va a poner sobre la mesa que comete errores, que se ha equivocado... ¿Y esto está permitido en casa? ¿Nuestro hijo sabe que cometer un error no es malo? Tocará revisar si, aparentemente, no nos importa que cometa errores, pero realmente sí lo criticamos o enjuiciamos. ¿Estamos poniendo mucho peso a la perfección? ¿A lo correcto? ¿El mensaje que mandamos es el adecuado? ¿Lo está entendiendo así nuestro hijo, o tal vez le llega otro mensaje?

En cualquier caso, la clave es siempre la misma: trasmitir confianza y comprensión a nuestro hijo: «Cariño, no me gusta que me mientas. Si no me lo quieres contar ahora, lo acepto. Y estaré encantada de escucharte cuando estés preparado para compartirlo conmigo».

Obcecarnos con saber la verdad a toda costa solo dará como resultado más distanciamiento y resentimiento. Para que haya confianza, o la tengamos que restituir, debemos haber preparado el terreno, y es algo que no ocurre de la noche a la mañana.

RECUERDA

No es solo lo que dices, sino lo que interpreta tu hijo, lo que está construyendo a través de su lógica privada: ¿Soy bueno? ¿Soy malo? ¿El mundo es bueno? ¿El mundo es malo? Y según las respuestas que se dé, así sentirá que tiene que actuar.

✓ Para evitar mentiras, cuando sepas la respuesta, no hagas preguntas (¿qué sentido tiene que le preguntes si fue él quien rompió el cristal, si ya sabes que lo hizo? ¿Para comprobar cómo te miente?).

✓ No es nuestra intención ir a «pillar», sino que nuestro hijo aprenda.

✓ No lo llames «mentiroso». ¿Has probado a quitar una etiqueta de un bote de cristal? Poner la etiqueta es fácil; quitarla, no tanto.

✓ Antes de recriminarlo, recuerda lo siguiente: «¿De dónde hemos sacado la loca idea de que, para que un niño se porte bien, primero tenemos que hacerle sentir mal?» (Jane Nelsen).

MIEDOS
¡QUE LOS MONSTRUOS NO EXISTEN!

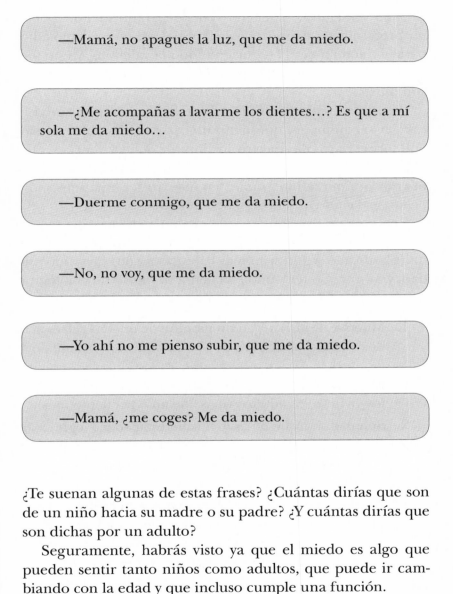

—Mamá, no apagues la luz, que me da miedo.

—¿Me acompañas a lavarme los dientes…? Es que a mí sola me da miedo…

—Duerme conmigo, que me da miedo.

—No, no voy, que me da miedo.

—Yo ahí no me pienso subir, que me da miedo.

—Mamá, ¿me coges? Me da miedo.

¿Te suenan algunas de estas frases? ¿Cuántas dirías que son de un niño hacia su madre o su padre? ¿Y cuántas dirías que son dichas por un adulto?

Seguramente, habrás visto ya que el miedo es algo que pueden sentir tanto niños como adultos, que puede ir cambiando con la edad y que incluso cumple una función.

Cuando comencé a escribir este libro, no existía un virus llamado COVID-19 que iba a paralizar el mundo. ¡Mi primera pandemia! Parecía imposible que algo nos pudiera hacer sentir miedo a todos: un virus.

El miedo estaba ahí, y esta es la buena noticia: en la vida nos toca vivir con miedo. No podemos quitar el miedo. La vida no es segura, nadie nos puede garantizar eso. Decía mi profesora de máster, Anabella Shaked, que «el remedio para el miedo no es la seguridad, sino la valentía», y esto me recuerda a una frase que dice: «Hazlo, y si tienes miedo, hazlo con miedo».

Pero ¿qué es el miedo? Es una de las emociones más básicas del ser humano, que tiene una parte saludable, puesto que forma parte de nuestro instinto de supervivencia y que nace de un pensamiento…, algo que, cuando éramos pequeños, absorbimos e integramos en nuestro ser, una sensación de angustia ante un hecho real o imaginario.

Los miedos son tan variados como personas hay en el mundo; no obstante, los expertos, en un intento de ayudar, los han clasificado según sean más habituales y de mayor intensidad, y sobre todo teniendo en cuenta su fuerte raíz biológica y filogenética. ¿A qué tenemos miedo los seres humanos?:

1. **Muerte**: de ahí surgen un montón de miedos relacionados con la resistencia a perder la vida, como el miedo a las alturas, a caer, a los aviones, a la velocidad descontrolada… En niños, estos miedos son diferentes a como los vivimos los adultos (más adelante te cuento más).

2. **Soledad**: porque no es lo mismo estar solo, elegir estar solo, que sentirse solo o que nos dejen solos. Aquí incluiríamos el rechazo, el desprecio, el abandono, la envidia o los celos.

3. **Ego**: que haya una crítica o ataque a nuestra persona; miedo a ser humillados o criticados públicamente, o a sentir desprecio colectivo, lo que nos llevaría a la dependencia o sentimientos de inferioridad.

4. **Daño físico**: dolor, enfermedad, pérdida de alguna parte del cuerpo. De aquí se desprenden miedos a cuchillos, agujas…, es decir, todo lo que sintamos que nos puede causar dolor o daño físico.

5. Libertad: miedo a perder autonomía, a sentirnos controlados, a la muerte de nuestro propio desarrollo personal, a perder la libertad de ser uno mismo, de elegir y de pensar: claustrofobia, miedo a lugares estrechos, a quedar atrapados, enterrados, falta de respiración...

Curiosamente, estos «miedos universales» coinciden con lo que los expertos llaman «heridas de la infancia».

Si olvidamos que estos miedos pueden ser razonados y tratamos de eliminarlos, podríamos perder el sentido de peligro y poner nuestra vida en riesgo. Por ejemplo, yo sé que no todas las serpientes son venenosas, pero también sé que, si veo una serpiente, es mejor que no pierda tiempo en comprobar si es venenosa o no; así que, por mi seguridad, las veré a todas como venenosas y luego ya lo someteré a razonamiento una vez que esté a salvo.

Con respecto a los miedos infantiles, podemos hacer una clasificación según la edad de los niños, pudiendo hablar de:

- Miedo a la separación: sobre los 8-9 meses, tiene lugar un momento clave en el desarrollo de los niños y se produce lo que se conoce como «angustia de separación». El niño es cada vez más capaz de identificar a sus cuidadores primarios, y la presencia de extraños le produce miedo al no reconocerlos como cercanos o conocidos.

- A los 2 años, se produce un miedo parecido: los niños empiezan a descubrir aún más el mundo, a separarse y alejarse de la madre, y esto les produce cierta inseguridad. Es como si dijeran: «Uy, puedo alejarme, tengo que tener cuidado...».

- De los 3 a los 6 años, los miedos «evolucionan». Pueden mantenerse los de la etapa anterior o ir incrementándose, puesto que el niño estará más expuesto a nuevos estímulos: como los monstruos (imaginarios), fantasmas, brujas, oscuridad o incluso los animales, pudiendo continuar hasta la edad adulta.

- Sobre los 6 a los 9 años, los miedos están más relacionados con el sentimiento de pertenencia: miedo al ridículo, a la desaprobación (que ya empezó en la etapa anterior), al fracaso escolar o deportivo, al daño físico.

- En la etapa de los 9 a los 12 años, los miedos están más relacionados con lo social: catástrofes, incendios, inundaciones, enfermedades graves, conflictos entre los padres, miedo físico...

En definitiva, el miedo cumple una función: protegernos y hacernos tomar precauciones. En la infancia son útiles para el crecimiento. Recuerda que la visión que tienen los niños ante los miedos es diferente a la que tenemos los adultos. No olvidemos que, para vencer a un miedo, primero hay que reconocerlo y aceptarlo.

EDAD	MIEDOS
0-6 meses	A caerse, a perder apoyo, a ruidos repentinos.
6-12 meses	A la separación de los padres, a los extraños, a la aparición de objetos por sorpresa.
2-4 años	A la separación de los padres, a la oscuridad, a ruidos fuertes, a animales, a algunos disfraces.
5-6 años	Al daño físico, a la oscuridad, a la separación de los padres, a animales, a ruidos.
7-8 años	A estar solo, a la oscuridad, al daño físico, a hacer el ridículo.
9-12 años	A los exámenes, al aspecto físico, a las tormentas, al daño físico, a la muerte, a la oscuridad.

Sabiendo entonces que los miedos cumplen una función, que forman parte de nuestro instinto de supervivencia y que constituyen una emoción saludable..., ¿qué podemos hacer ante los miedos de nuestros hijos?

- No quitarles valor, restarles importancia o tomarlos a burla, ridiculizarlos, etc.

- Escuchar sus miedos y valorarlos: «Tienes miedo a los globos porque te da miedo que exploten y el ruido te asusta».

- Ofrecerle consuelo, pero no lo rescates, no te hagas cargo de su miedo. Permítele que lo explore y exprese: «Cariño, si te da miedo que esté oscuro, ¿qué te parece si dejamos una lámpara encendida o la puerta abierta? ¿Qué se te ocurre?».

- Buscar soluciones. Decirle que no tenga miedo, similar a «No llores, que eso no duele», no soluciona nada.

- Enseñarle pequeños pasos para así vencer su miedo: «¿Quieres que miremos que no haya monstruos en la habitación?»; «Te ayudaría tener una linterna contigo».

- Idear soluciones que parezcan «ilógicas», pero que pueden funcionar en este momento con tu hijo. Cuando mi hijo era pequeño, algunas noches le dejaba uno de mis coleteros en su muñeca, para que se durmiera tocándolo, porque eso le daba seguridad y le recordaba a mamá. También recuerdo cuando empezó el cole, que le leí el cuento de *Un beso en mi mano* (Penn, 1993), y a la entrada del cole le daba un beso (a veces con los labios pintados) en la palma de la mano, la cerraba y se iba tan contento con el beso de mami a clase.

- Recurrir a libros y cuentos infantiles que tratan diferentes miedos para ayudarlos a entender lo que les pasa.

- Revisar a qué contenido está expuesto en la tele, en el ordenador, etc. Y asegúrate de que ese contenido sea apto para su edad (en las películas y dibujos puedes fijarte por la calificación moral).

- Compartir con ellos miedos que nosotros tuvimos o aún tenemos. Sabiendo que no tienen por qué ser los mismos temores y que lo que buscamos al contárselo es que vean que son normales, que se pueden superar.

¿Puede ser que estemos contribuyendo de alguna forma a esos miedos? A veces, los padres, sin darnos cuenta, generamos miedos en nuestros hijos: «No toques nada, que hay virus» (y ahora el niño se niega a salir a la calle); «Pero qué cosas dices, ¿cómo van a venir a raptarte a casa?»; «No hables con extraños, de la manita de mamá, que vienen señores malos y se llevan a los niños»; «Uy, pues, si no te comes eso, te vas a poner malito y te van a tener que pinchar» (y luego no hay quien lo lleve al médico, a saber por qué).

En cualquier caso, no debemos forzar nunca al niño a situaciones que le provoquen miedo. No hay dos niños iguales ni dos maneras idénticas de abordar una misma situación: «¿Por qué el hijo de mi vecina no tiene conciencia ninguna y salta sin mirar al agua, y el mío se pasa horas en el bordillo hasta que decide meter un pie y luego el resto del cuerpo?».

Y pasa igual con el miedo a la separación. Ojalá en más centros escolares entendieran que «arrancar» a un niño de los brazos de su madre al entrar al cole no es la manera, por mucho que digamos: «A los cinco minutos de irte, ha dejado de llorar; es que te toma el pelo». No, no te toma el pelo, sabe con quién llorar para ser atendido y tenido en cuenta. Aún recuerdo cómo le decíamos a mi hermana pequeña que era una «teatralera» porque, cuando jugábamos juntos y la hacíamos llorar, ella lloraba, se calmaba y, cuando entraba nuestra madre por la puerta, volvía a llorar. Estaba claro que el mensaje era: «Mamá, lo he pasado mal»; «Mamá, me he hecho daño», «Mamá, me dolió y busco tu consuelo, tu cariño, tu abrazo…», vamos, ¡lo que todos necesitamos cuando nos sentimos mal! Perdón, hermanita, por no haber sabido reconocer tus necesidades.

Otro de los miedos que más tememos los padres es cuando nuestros hijos nos preguntan por la muerte o tenemos que abordar con ellos la muerte de algún ser querido, conocido, familiar, mascota… El miedo a la muerte en los niños o la manera en la que pueden encajar la muerte es algo que nos inquieta mucho a los padres. Nos supone todo un reto enfrentarnos a este miedo, que es realmente del adulto y que no sabemos cómo manejarlo con los niños.

La muerte es parte del proceso de la vida, pero a veces la visión que nos llega a través de los medios de comunicación, de las noticias, nos muestra la cara más violenta y horrible de este proceso natural. El simple hecho de aceptar la muerte, como parte de la vida, nos ayudará a llevarla mejor.

Estos puntos te pueden ayudar:

- No tengas miedo a hablar de la muerte; comenta con naturalidad lo que suceda a tu alrededor. Hay una diferencia grande entre informar y alarmar.

- No trasmitas tus miedos a tus hijos ni esperes que ellos los vivan con la misma intensidad. Recuerdo cuando, hace unos años, murió el padre de una mamá amiga mía, y su hijo adolescente se puso a jugar a videojuegos, como si la muerte de su abuelo no le importara. Bueno, habría mucho que contar sobre ello, no es lo mismo la adolescencia que la infancia; sin embargo, muchas veces esperamos respuestas similares a lo que «creemos que debe ser» o al nivel del dolor que estamos sintiendo. Ya sabemos que el dolor es subjetivo y que la manera de entender cuanto ocurre a nuestro alrededor es diferente.

- No evites hablar de la muerte ni de los sentimientos que esta pueda despertar en ellos. Si ha muerto un familiar cercano, no hay nada malo en que los niños nos acompañen a la misa, al tanatorio…, pero tampoco es necesario, si no quieren, que vean al fallecido o que estén en el sepelio, o en el cementerio.

- Si la muerte es de una mascota, ayúdalos a preparar la despedida, hacer un sepulcro adecuado… A entender lo que significa morir y lo que conlleva.

- Si lo que ha ocurrido es que han visto guerras, catástrofes, una muerte violenta (en tele, y espero que no presencial), necesitarás ayudarlos a expresar sus ansiedades, temores, miedos…, y pedir ayuda si es necesario.

- Enséñales a ser agradecidos y a valorar lo que tienen y a quienes los rodean. Aprendiendo a valorar más la vida, comprenderán que la muerte es parte de ella.

¿Te imaginas qué tipo de adolescente y qué riesgos correrá si, desde que fue pequeño, no le hablamos sobre la muerte, se la escondimos, lo «protegimos», le trasmitimos nuestros miedos, etc.? Lo que estemos sembrando en la infancia es lo que podremos recoger en la adolescencia. A veces, «en el nombre del amor» no enfrentamos nuestras propias actitudes ante la muerte, evitamos compartir lo que pensamos y tememos, y sin saberlo, dejamos a nuestros hijos desvalidos y desprovistos de recursos para afrontar los retos de la otra cara de la vida.

Y no podía dejar este capítulo sin hablar del otro miedo que nos ha tocado vivir en 2020: un virus del que solo recibimos información contradictoria y que nos tiene en estado de alerta. Habrá una generación post COVID-19 con secuelas psicológicas… Estaremos pendientes de cómo evoluciona todo.

Como siempre, los cuentos constituyen un recurso valiosísimo para tratar muchos temas. Para este en concreto, te recomiendo *Para siempre* (García, 2017), *Cuentos para el adiós* (Ibarrola, 2006) y el que creó Anna Morató sobre COVID-19: *Al otro lado* (Morató, 2020; disponible en formato digital totalmente gratuito).

NO ES NO
PERO ¿POR QUÉ DICE A TODO QUE NO?

Me gustaría hablar en este capítulo del «no», muy habitual en determinadas edades y muy desesperanzador en otras. Sin embargo, antes de entrar de lleno a hablar de ello, hay que diferenciar dos tipos de «noes». ¿Cuál de los dos llevas peor?

—Cariño, recoge los juguetes, que es tarde.
—No.
—Venga, que te tienes que poner el pijama.
—No.
—Oye, que hay que acostarse.
—No.
—Haz el favor de irte a lavar los dientes ya.
—No.
—Es tardísimo, ¡y tienes que dormir!
—No.
—De verdad, no puedo más. ¡Acabas con la paciencia de cualquiera! El más santo tiene el cielo ganado contigo...

—Mamá, puedo...
—No.
—Pero, mamá, es que solo...
—No, te he dicho ya que no.
—Mami, si solo quiero que...
—Que no, hija, que no. Mira que eres pesada...
—Pero, mamáááááá...
—No es no, y cuanto más insistas, más «no» va a ser. Telita con la niña... ¡Acabas con la paciencia de cualquiera!

¿Y qué sabemos hoy día gracias a la neurociencia y a los avances en el estudio del cerebro?

165

Esto es importante decirlo: el «no» es posterior al «sí». Lleva menos años de evolución y menos años en nuestro cerebro pensante (ejecutivo), por lo que ocurren dos cosas: cuando los niños son pequeños, lo más parecido que encuentran en su cabeza a un «no» es un «sí», y les cuesta entenderlo.

Pero igualmente les pasa a los adultos... ¿Alguna vez te has dicho a ti mismo/a o has oído a alguien decir: «No, hoy no tengo mucha hambre. No cenaré», para verlo/a después repetir el primer y segundo plato? En estos casos, es aconsejable decir: «Hoy cenaré solo un plato». «Psicología inversa», la llaman. En cualquier caso, es la opción para evitar el «no» y, sobre todo, ¡para no darte el atracón!

Y por otro lado, sabemos que el cerebro funciona de una manera muy curiosa. Como ya te he contado en otras ocasiones, tenemos tres cerebros en uno.

Uno de ellos, el primero en formarse, es el primitivo, el encargado de regular las funciones vitales (respiración, hambre, temperatura corporal...). Es el cerebro que nos prepara para huir, atacar o evitar algo, y el que se pone en marcha cuando nos dan un susto, cuando nuestro hijo se suelta de la mano y se baja de la acera segundos antes de que llegue un coche... Y también es el que actúa en momentos de estrés y en los que vemos que hemos perdido el control de la situación.

Asimismo, comenzar una frase con la palabra *no* te hará estar más alerta a lo que va a ocurrir y te dificultará entender lo que viene después; hace que reacciones «a la defensiva».

Imagina que me preguntas si me apetece quedar a cenar un día contigo, y yo te contesto con un «no»... ¿Qué has sentido? ¿Qué gesto o acto provoca en ti? Seguramente, lo primero haya sido un pequeño movimiento de cuello y cabeza hacia atrás, o hayas abierto tus ojos un poquito más, o hayas fruncido el ceño... ¿No me crees? Vuélveme a preguntar si quiero cenar contigo... Esta es mi respuesta: «No».

Seguramente, una breve explicación ayudaría a que nos sintamos mejor o no tan mal, o entendamos por qué nos han dicho que no, pero, de primeras, ya te prepara para defenderte, te pone en estado de alerta.

También ocurre que, cuando usamos el «no», la orden (o mandato) es confusa, y la persona puede quedar bloqueada.

Te pongo un ejemplo. Lee en voz alta las siguientes instrucciones y trata de seguirlas:

- «No abras la boca».
- «No muevas tus manos».
- «No te levantes».
- «No cierres tu boca».
- «No leas nada».
- «No te sientes».
- «No cruces tus manos».

¿Qué tal ha ido? ¿Has hecho algo de lo que te pedí? Si lo has hecho, lo sabría, porque esto no lo estarías leyendo... La orden número 5 era «No leas nada».

A continuación, voy a pedirte esas mismas cosas, pero de otra forma. Intenta seguirlas todas:

- «Abre tu boca».
- «Mueve tus manos».
- «Levántate».
- «Cierra tu boca».
- «Deja de leer».

¿Qué tal ahora? ¿Sigues de pie y con tu boca abierta? ¿Qué diferencia notas entre unas frases y otras? Las primeras van directas al cerebro primitivo, te digo lo que no puedes hacer y te bloqueo, porque realmente no digo lo que sí puedes hacer.

Recuerdo una vez en un supermercado una mamá con su hija pequeña, de apenas 4-5 años. Mientras la madre colocaba bien las bolsas de la compra para poder cogerlas, la niña empezó a saltar encima de ellas. La madre le dijo que parara, que no podía saltar, y la niña seguía, y la madre venga a decirle que no podía saltar, y la niña saltando... Hasta que, en un momento, no sé cómo, la madre le dijo: «Si quieres saltar, hazlo ahí», y señaló un sitio al que la niña se fue a saltar. Fin de la historia.

Con nuestros hijos ocurre algo parecido:

1. Ya hemos dicho que no entienden el «no», porque su cerebro aún es joven y no tiene mucha práctica.

2. Los pone sobreaviso: «Esto pinta mal... ¿Qué hago?».

3. A muchos los lleva a intensificar su conducta, pues traducen ese «no» por un «Sí, sí que puedo, mira...», o «No me has debido entender, así que seguiré insistiendo».

Casos como estos son los típicos:

—No te subas ahí, María. El sofá no es para dar brincos.
Y María piensa: «Uy, mamá se equivoca, sí que se puede dar brincos, mira».

—Quiero más chocolate.
—Carlos, deja ya de llorar, que no hay más chocolate.
—Que síííí...
—No.
—Que quiero más chocolate.
—Que no, hombre, que ya has comido bastante.
—Quiero más chocolaaaateeee.
Y piensa: «Mamá no se entera de nada, tendré que repetírselo una y otra vez».

Dicen los expertos que parece que hay una edad clave en la aparición del «no»: entre los 2 y medio y los 3 años. Esto puede ser debido a que comienzan a ampliar su vocabulario, a afianzar las palabras que conocen y a repetirlas mucho... Esto nos deja claro que, cuantos más «noes» oiga un niño, más probabilidades habrá de que los repita.

Tampoco olvidemos que, cuando un niño dice «no», quizá esté en la meta de poder; así que tendremos que revisar qué sentimientos y emociones está provocando ese «no» en nosotros para averiguar lo que hay debajo del iceberg.

Pero hay otra edad en la que podríamos hablar del uso del «no» de manera más habitual: en la adolescencia. Y es que, curiosamente, sabemos que el cerebro adolescente es muy parecido al de un niño de 3 años: muchos cambios emocionales, estados transitorios, incertidumbre, inseguridad y la necesidad de rebelarse contra todo por sistema. Te dirán que no incluso antes de que hayas terminado la frase:

—Cariño, hoy para cenar hay pesc…
—No, yo no pienso comer eso… Te lo comes tú; yo me hago otra cosa.

¿Y qué podemos hacer entonces para no abusar del «no» y enfocarnos en un vocabulario más positivo?

Pues, primero de todo, entender que en la vida va a haber muchas situaciones en las que tendremos que recurrir al «no», y que ese «no» será innegociable (por ejemplo, ir sin cinturón de seguridad en el coche); por lo tanto, debemos limitar o reducir su uso, porque sabemos que los excesos no son buenos y que, en este caso, pueden dar lugar al efecto contrario.

Muchas veces confundimos «validar» con «consentir», y creemos que debemos decir «no» porque los hacemos fuertes, cuando en realidad en la mayoría de los casos solo generamos resentimiento, revancha, rebeldía o retraimiento.

Recuerdo el caso de una vecina que se quejaba de que su hijo nunca hacía lo que ella quería. Tenía ya 5 años, y el niño siempre se alejaba de ella, se iba con cualquiera, no se quedaba donde ella le decía…, algo bastante desesperante y frustrante para cualquiera. Lo que la madre no era consciente es de que su hijo, desde bien pequeño, estuvo muy acostumbrado al «Eso no se hace», «Eso no lo puedes hacer», y claro, en un niño influyen muchos factores, quizá el temperamento, que lo llevaba a «desafiar» lo que su madre le pedía, pero, sobre todo, la falta de entendimiento por parte de la madre de las necesidades propias de un niño de esa edad. El niño llegó a la conclusión con 5 años de que para su madre todo era «No», y él, como buen observador y científico, veía que su madre se equivocaba: «Víctor, no puedes subirte ahí» (y el niño se subía; conclusión: «Sí puedo, mamá se equivoca»); «Víctor, eso es peligroso, te puedes caer» (y Víctor pensaba: «Mamá, déjame intentarlo, puedo demostrarte que puedo...». Y no se caía... Y cuando se caía, se decía a sí mismo: «Uy, no lo hice bien, tengo que practicar más»).

Pero, claro, te estarás preguntando si todos los niños que reciben un «no» desobedecen, y ya sabes la respuesta: evidentemente, no. Hay muchos que obedecemos, por miedo a lo que nos pueda pasar, porque nos han dicho que eso es muy malo; por miedo a defraudar a los que más queremos, porque nos han dicho que se pondrán tristes si nos pasa algo; por miedo a no ser capaces, porque nos han dicho que nosotros no valemos, que somos pequeños, que no se nos da bien, que somos torpes..., y con todo eso crecemos.

Y en definitiva, lo que ocurre casi siempre es que, cuanto más usamos el «no», más invitamos a la persona a hacerlo. Prueba, si no, con un adulto y me cuentas... ¿A cuántos nos cuesta seguir las normas impuestas y a cuántos nos molesta que nos digan «no»?

Sin embargo, no me gustaría acabar el capítulo sin añadir una pequeña reflexión.

Decir «no» no es malo. Y no hay nada de malo en decir «no» cuando queremos decir «no». Lo malo podría ser no saberlo decir de manera respetuosa o abusar del «no».

A veces, nos quedamos con la idea de que un «sí» es complaciente, y lo que ocurre es que ese «sí» es un «no» cohibido (muy enrevesado, ¿verdad?).

Saber decir «no» también es un arte, pues hace falta saber decirlo con confianza, educadamente, con respeto y agradecimiento y siendo contundentes. En definitiva, amabilidad y firmeza al mismo tiempo.

Cuando sea un «no», es «no», y cuando sea «sí», es «sí». Sin miedos.

RECUERDA

✓ Antes de decir «no», conecta, valida su emoción, verbaliza, parafrasea, recoge su petición y espera a ver qué te dice: «O sea, que quieres salir hasta las 23:00 el sábado...».

✓ Si escuchas, le darás la oportunidad de expresarse, de exponer sus ideas, de ser convincentes mediante argumentos y no con rabietas, y esto último no son habilidades útiles para la vida, mientras que las anteriores sí.

✓ Dile a tus hijos lo que sí pueden hacer, les estarás dando información útil y la opción de elegir si hacerlo o no; así, al menos, no sentirán que les prohíbes hacer algo, sino que les informas de dónde o cómo hacerlo.

EN VEZ DE...	MEJOR DI ESTO...
«No corras».	«Anda despacio».
«No saltes».	«Ven, que te digo dónde sí puedes».
«No te rías».	«Me gustaría que me escucharas sin reír (en silencio)».
«No pegues».	«Dime lo que sientes».

✓ Cuando los niños son pequeños, debemos considerar su necesidad de movimiento, de explorar, y tener en cuenta que esto seguramente entre en conflicto con las necesidades y deseos adultos. Lo ideal en este caso es dar opciones, alternativas que permitan al niño explorar con el apoyo y supervisión del adulto.

✓ Un abuso del «no» acaba por provocar, finalmente, el efecto contrario, o simplemente bloquea al niño para saber qué tiene que hacer.

NUEVAS TECNOLOGÍAS
MÓVILES, *TABLETS* Y OTROS ARTILUGIOS DEL MAL

—Te dejo ver la tele, pero, cuando yo te diga, apagas... ¿De acuerdo?

—Sí, papi.

40 minutos después...

—Ramón, apaga, que ya te lo he dicho tres veces... Ramón, ¿me oyes?

—Sí, papá, ya voy...

—¡Que apagues te estoy diciendo! ¿Tú lo ves normal? Me habías dicho que ibas a apagar. Mañana ya no tienes tele, ni *tablet*, ni nada. ¡Que apagues ya!

—¡Que ya voy! ¡Qué pesado!

—¿Pesado? ¡Encima! Ala, mañana ya no ves la tele.

—¡Pero si mañana es domingo! ¡Y vienen los primos! —dice llorando.

—Me da igual, pues no tienes tele, ya te lo digo yo...

Y mañana, domingo, con todos los primos en casa..., ¿qué crees que pasará?

a) Pues que por mis narices no va a ver la tele...

b) Pues lo de siempre, que la verá. A ver, qué le vamos a hacer...

c) Le diré que le dejo verla, pero que esta es la última vez, que a la próxima sí que lo hago, y lo digo en serio...

¿Y qué pasará la próxima vez?

Ya no habrá próxima vez, porque el niño ya lo ha entendido y, desde luego, no va a volver a tardar en apagar la tele, lo hará incluso antes de que se lo digamos; por supuesto, no se enfadará y no nos llamará pesados...

Tú también oyes una música de fondo de ciencia ficción, ¿verdad?

Efectivamente, ya habrás deducido que no será la última vez que ocurra un episodio así, porque las amenazas y los castigos sabes que no funcionan, pero nos dan una falsa sensación de control, de dominio de la situación, pero los dos sabemos quién manda realmente.

Pero entonces, ¿qué hacemos? ¿Dejamos que hagan lo que quieran? Porque, si por ellos fuera, estarían todo el día viendo dibujos, enganchados a la *tablet*, chateando con el móvil o haciendo *tiktoks* (¿aún no sabes qué es eso? No te preocupes, lo sabrás…).

Vivimos en la era tecnológica. Atrás quedó eso de «Pues yo de pequeña no usaba móvil y no pasaba nada, así que mi hijo hasta los 16 no va a tener». Bueno, hay muchos padres que lo han intentado, se han mandado ese tipo de mensajes, han creído que eso era lo correcto y han actuado en concordancia… ¿Recuerdas lo de la lógica privada? Observo, interpreto, me formo una creencia, decido y actúo. Lo cual no quiere decir que eso sea lo correcto, o sí…

Aquí, como en todo, toca cordura.

Prohibir no es bueno ni lógico, si tenemos en cuenta que las tecnologías son parte de nuestra vida y han venido a quedarse (muchos padres que se negaban a introducirlas en sus vidas han visto cómo sus trabajos se han telematizado; los estudios de sus hijos, también, ¡e incluso hasta el coche y las casas ya incluyen ordenador de abordo y domótica!).

Por lo tanto, ya no se trata de prohibir o evitar, sino de poner normas, orden y estructura, como en todo lo que hacemos con respecto a la educación de los hijos.

En este apartado, son muchos los puntos que me gustaría tratar, porque a mí, como madre, me interesan, y supongo que a ti también:

- A qué edad usar un móvil o dejar que nuestros hijos estén expuestos a las nuevas tecnologías.
- Limitar o no el uso de pantallas.
- Efectos secundarios, nocivos, de su uso en la infancia.

A algunas de estas preguntas podéis encontrar respuesta en internet, porque cada vez hay más estudios sobre el tema para proteger la infancia y ayudar a los adultos.

¿Has oído hablar de la ley COPPA (Children's Online Privacy Protection Act)? Es una ley creada el 21 de octubre de 1998 por el 105 Congreso de los Estados Unidos, cuyo principal objetivo es proteger la privacidad en internet de los niños menores de 13 años. Puedes buscar en Google más información sobre ello y lo que ha afectado a *youtubers* o *tiktokers*, y al contenido de estas y otras plataformas digitales.

Según las últimas publicaciones de la OMS, del 24 de abril de 2019, «para crecer sanos, los niños menores de cinco años deben pasar menos tiempo sentados mirando pantallas o sujetos en carritos y asientos, dormir mejor y tener más tiempo para jugar activamente».

Las recomendaciones aparecen resumidas de esta forma:

- **De 0 a 1 año**: nada de pantallas. Lógicamente, porque apenas se mantienen sentados o de pie y porque lo que necesitan es estar activos físicamente con juegos en el suelo. No debiendo estar más de 1 hora seguida sentados en sillas, carritos o en trona. Sustituir pantallas por lectura de cuentos. Recuerda que a esta edad las horas de sueño son entre 14 y 17 horas diarias, incluyendo siestas.

- **De 1 a 2 años**: nada de pantallas tampoco y recomendación de casi 3 horas de juego o actividad física de movimiento. Tampoco deben permanecer sentados más de una hora seguida. Las horas de sueño bajan a una media de 11 a 14 horas diarias, y en periodos de inactividad, lectura de cuentos.

- **De 2 a 6 años**: de 30 minutos a 1 hora al día. Se recomienda actividad diaria de unas 3 horas y no permanecer sentados más de 1 hora. Las horas de sueño, reparadoras, entre 10 y 13.

- **De 7 a 12 años**: 1 hora diaria con un adulto delante. No permitir que las pantallas alteren el sueño, por lo que se recomienda nada de pantallas antes de ir a dormir ni durante comidas o cenas. A estas edades también necesitan moverse y realizar actividades físicas. Se recomiendan de unas 8 a 10 horas de sueño.

- **De 12 a 15 años**: 1 hora y media al día. Sin olvidar todas las recomendaciones anteriores de actividad, juego y movimiento. Tampoco se debe permitir el uso de pantallas antes de ir a dormir o durante comidas y cenas. Las horas de sueño nunca deberían ser inferiores a 8. Como vimos en el capítulo de «Adolescencia», no por ser mayores necesitan menos horas de sueño; es más, durante esta etapa se produce una alteración en los procesos de vigilia y sueño, por lo que necesitan mantener unas rutinas y descanso en el dormir.

- **Más de 16 años**: 2 horas diarias, como máximo.

¿Cumples estas recomendaciones?

Mi hijo, al cumplir 12 años, me pidió un móvil porque todos sus amigos ya lo tenían… Así que nos fuimos a internet y buscamos la edad recomendada para el uso de móvil en menores: los 14 años. Sin embargo, las estadísticas dicen que el 75 % de los jóvenes lo tienen ¡antes de los 10 años! Por lo que mi hijo me dijo: «¿Ves, mamá, como todo el mundo lo tiene antes?». A lo que le contesté: «Sí, es una lástima que en esta casa no eduquemos por lo que opina la mayoría».

No olvidemos que la presión es mala consejera. Muchas veces nos vemos arrastrados por la presión de grupo: «Es que todos juegan»; «Todos tienen móvil y el mío no»; «Es que es lo normal ahora»… Está claro que, cuando queremos hacer las cosas bien, en muchos casos pareciera que vamos contra corriente.

Bueno, pues esto es lo que tienes que decidir tú, sabiendo cómo es tu hijo y cuáles son las normas de tu familia. Las recomendaciones de la OMS o de la Asociación de Pediatría son eso: recomendaciones.

¿Y qué podemos hacer nosotros, como padres, ante el constante «aluvión» de información, anuncios, juegos, aplicaciones… que nos invade e incita a su uso?

Pues recordar que en cada casa funcionan unas normas y

que cada niño es un mundo. Las recomendaciones generales son para que tengamos una media, una medida con la que comparar y evaluar si estamos inclinando la balanza demasiado hacia un lado u otro.

Piensa en cuáles son tus quejas habitualmente:

- Pasa mucho tiempo delante de pantallas.
- Se enfada si quito la tele.
- Se encierra en su habitación con el móvil.
- Está deseando jugar a videojuegos y no sabe parar.

Si estas quejas ocurren cada día, seguramente no estemos siguiendo las indicaciones de la OMS, y ni siquiera las que nosotros, como padres, sabemos que favorecen la educación de nuestros hijos. Piensa que, cuando entrega mucho tiempo a una cosa, le está dedicando mucho menos a otra, que es la que debería hacer por edad.

Es decir, si yo quiero seguir las recomendaciones de la OMS, no dar móvil antes de los 14 años, puesto que las funciones ejecutivas hasta esa edad están poco desarrolladas, así se lo explico a mi hijo: «Cariño, aún es pronto. Ya habrá tiempo, y en un par de años tendrás tu propio móvil». ¿Quiere esto decir que mi hijo lo va a aceptar tal cual? Pues seguramente no, lo normal es que se queje, que saque toda su «artillería pesada» e intente convencerme. En estos momentos, lo que tenemos que hacer es:

- Empatizar, conectar: «Entiendo que para ti es importante tener un móvil, pero aún no tienes edad»; «Sé que debe ser difícil ser el único que no tenga móvil en tu clase», etc.
- Preguntar: «¿Por qué crees que lo necesitas?»; «¿Hay alguien en tu clase que tampoco tenga?» (a veces nos sorprende saber que hay más niños que no tienen móvil).

Y esto es lo que te recomiendan los expertos y que te servirá como argumento de peso para ti misma:

177

- Un uso excesivo de tecnología se asocia a un desarrollo cerebral diferente: retraso cognitivo, alteración en la función ejecutiva, déficit de atención, falta de autocontrol, impulsividad, problemas de aprendizaje...

- Está relacionado con alteraciones en el sueño. Hoy día, se sabe que la luz de las pantallas afecta a la conciliación del sueño. ¿Te ha pasado alguna vez que te ibas a dormir, porque tenías mucho sueño, te metes en la cama, enciendes el móvil para poner la alarma y te lías a mirar Instagram, Facebook, TikTok...? Interfiere también en el tipo de sueño, impidiendo un sueño reparador, y en el caso de los niños, la falta de sueño acaba afectando al rendimiento escolar.

- Los peligros de la sobreexposición, así como la desprotección ante determinados contenidos. ¿Los acompañamos cuando hacen uso de las nuevas tecnologías, o es el momento que tenemos para hacer otras cosas?

- Los expertos coinciden en que, demasiado tiempo en las pantallas, genera niños pasivos, inactivos, con dificultad para interactuar con otros... ¿Sabías que, cuando estamos delante de la pantalla, nuestro cerebro empieza a liberar ondas alfa, que son las responsables de la ensoñación, la tranquilidad..., mientras que normalmente estamos en ondas beta (activos)? El problema es que pasar de ondas alfa a ondas beta cuesta mucho, por eso es tan difícil «desconectarse».

- Aumento de la obesidad infantil, pues los niños pasan mucho tiempo frente a una pantalla y, en numerosos casos, comiendo delante de ella. Cuando eran pequeños, lo hacíamos para «distraerlos» y que comieran; cuando son más mayores, porque aguantan más sentados o porque ellos lo demandan directamente... ¿De dónde habrán sacado esa idea? Tengo pensado hacer una encuesta para saber si el mejor momento del día de muchos adultos es ese en el que nos sentamos en el sofá a ver una serie con una copa en la mano, unas palomitas, un dónut, la cena...

- En cuanto a la adolescencia, en muchos casos, las pantallas se convierten en una vía de escape, y les cuesta más conectarse con las personas y salir de ese bucle (es complicado…). Los estudios demuestran que 1 de cada 11 niños de entre 8 y 18 años es adicto a las tecnologías, y yo me pregunto: ¿de quién es la responsabilidad?

RECUERDA

Muchas veces decimos: «Es que está muy enganchado»; «Es que solo quiere ver dibujos»; «Es que se enfada si apago»; «Es que me lo pide continuamente»; «Es que no sabe hacer otra cosa»…

Y nosotros, que somos los padres, adultos responsables, ¿qué estamos haciendo? Realmente, estamos permitiendo esas conductas por no saber gestionarlas. A veces, es porque necesitamos entretener a los niños; otras, porque no sabemos tolerar la frustración de nuestros hijos (¿y cómo van a tolerar ellos la suya si nosotros no somos capaces de tolerar la nuestra?), y otras, porque hemos sido «empujados» por la situación del momento que vivimos. Yo crecí con la televisión en blanco y negro, solo dos canales y con contenido catalogado con uno o dos rombos… ¡Y ahora esto ha cambiado tanto!

Aún recuerdo cómo nos contaba el amigo de mi hermano la manera en que se las ingeniaba para poder ver contenido de mayores en la tele… Cuando empezaba la película, tapaba los dos rombos con la mano para que sus padres no los vieran, disimulaba haciendo que cambiaba de canal o sintonizaba la tele (antes, las televisiones tenían los botones en el frontal, ¡y no había mando a distancia!), y le funcionaba, porque, mientras sus padres le decían: «Hijo, quita, que no vemos si tiene rombos…», él ya los había tapado y enseguida se quitaban.

RIVALIDAD ENTRE HERMANOS
DICEN QUE LOS HERMANOS SE QUIEREN...
¡LOS MÍOS PELEAN TODO EL TIEMPO!

—Lo odio, no me gusta su cara. ¿Lo podemos devolver ya al hospital?

Este es, sin duda, uno de mis temas favoritos..., y te cuento por qué. Me crié en una familia numerosa, no tanto como las que veo hoy día... Éramos seis, mis padres y mis tres hermanos. Yo, la mediana, la tercera tras dos varones, y detrás de mí, mi hermana pequeña. Nos llevamos unos 2 años y medio aproximadamente entre cada uno de nosotros, de tal manera que hemos compartido edades de juego, amistades, programas de televisión... Recuerdo peleas, discusiones, celos, rivalidad, envidia, quejas, lloriqueos... (por cierto, cuando le pregunto a mi madre, siempre dice que ella no recuerda que nosotros peleáramos; así que esto son buenas noticias: ¡las peleas entre hermanos se olvidan! ¡Y a nosotros también se nos van a olvidar!). Pues, volviendo a mis recuerdos de infancia, aun así, recuerdo vida, mucha vida. Cuando además nos juntábamos con mis primos maternos (cuatro también, de edades similares), eso era una fiesta: Navidad, Semana Santa, vacaciones de verano..., cualquier oportunidad era buena para divertirnos y pasarlo bien.

Ello fue lo que me motivó a querer formar una familia numerosa; sin embargo, y esto es importante, cuando me casé, lo hice con una persona que solo tenía una hermana, que se había criado jugando solo y que valoraba más el trato de uno en uno que el de la multitud, el ruido, el jolgorio..., lo cual, como te puedes imaginar, puede ser un problema.

Como ya sabrás, tengo solo tres hijos, y el «solo» cumple un papel relevante, puesto que me habría encantado tener cuatro o cinco..., y eso ya es demasiado para mi marido, así que tres fue un buen número; sin embargo, esto no quiere decir que tener tres sea felicidad, alegría, jolgorio... La realidad es otra que quizá también conoces...

Es posible que te preguntes a menudo por qué se odian tanto nuestros hijos. Discuten por todo, cualquier ocasión es buena para hacerse rabiar, y se repiten una y otra vez frases como: «Mamá, es que lo hace aposta, me está mirando»; «Mamá, no deja de hacer ruidos»; «Que te calles, o te doy un tortazo»; «Vete de mi habitación»; «Tú eres tonta, no sabes nada, eres un bebé»; «Quítate, estaba yo... ¡Mamááááá, no se quita!»; «O me lo das, o te lo quito», etc.

Seguramente, a estas alturas de la película o, mejor dicho, del libro, te estarás preguntando qué es normal y qué no; cómo hacer para mejorar las relaciones entre ellos, y cómo hacer para que no me afecte tanto. Vamos por orden:

¿Qué es normal y qué no?

Realmente, «normal» es todo lo que tenga que ver con relaciones en las que los niños aprenden a ceder, a negociar, a entender al otro, a esperar, a mediar, a empatizar, a tener en cuenta las necesidades del otro, a soportar, a reivindicar..., y todo esto siempre desde los límites de la seguridad y el respeto.

No hace falta tener muchos límites, pero sí algunas restricciones claras y concisas: no está permitido hacerse daño, ni verbal ni físicamente, y tampoco hacérselo a otros.

¿Cómo hacer para mejorar las relaciones entre ellos?

En la mayoría de los casos, la clave está en la forma en la que intervenimos los adultos y que nos lleva a incrementar la rivalidad. Si no, lee estas frases imaginando que eres mi hijo, y yo te digo: «¿Otra vez? Siempre tienes que ser tú quien la líe. Tu hermana está tranquila y tú siempre incordiando»; «Pero mira que tienes mal carácter, ¿no ves que tu hermano está intentando poner de su parte y tú lo haces llorar?»; «Deja de compararte con tu hermano, ya te he leído a ti un cuento, que siempre tiene que ser más y más para ti».

Y ahora, dime, ¿cómo te sientes? ¿Crees que así vas a mejorar? ¿Mientras leías estas frases, pensabas: «¡Cuánto bien me hacen! ¡Cómo agradezco que mi madre/padre me diga estas cosas! Es verdad, mi hermano sí que es un ejemplo, y yo debo cambiar. Lo voy a hacer, ¡yo puedo!»? ¿O directamente lo que piensas es: «Vaya, otra vez lo volví a hacer. Está claro que no aprendo. Para qué esforzarme, total, ellos ya han decidido que mi hermano es mejor y yo no valgo. En fin, seguiré así porque tampoco sé otra forma de hacerlo y, cuando lo intento, tampoco lo ven, y encima mi hermano se sale siempre con la suya»?

Hay mucha confusión con respecto a cómo intervenir ante la rivalidad entre hermanos. Hay quien piensa que no se debe intervenir, incluso cuando están peleando, porque «son cosas de niños», y hay quien interviene antes de que ocurra nada, porque, si no, luego va a peor...

Pues siento decirte que ninguna de las dos son las opciones más adecuadas.

Cuando tus hijos peleen, prueba a hacer lo siguiente:

1. Si se están pegando, peleando, insultando de manera violenta..., sepáralos. Intervén, para poner a cada uno en habitaciones o espacios separados. Corta de inmediato la situación, no permitas que se hagan daño, ni verbal ni físicamente. Pero hazlo sin tomar partido, esa es la clave.

2. Si solo oyes que la situación empieza a intensificarse, entra en escena, pero no hables, simplemente deja que te vean, que sepan que estás ahí. Si es necesario, míralos, sonríe, pon la mano en el hombro de alguno, dales un beso... y salte.

También puedes quedarte, entrar en la habitación y hacer algo que no tenga que ver con ellos: leer un libro, mirar el móvil, colocar ropa... Mientras tanto, presta atención a lo que está ocurriendo, y observa si va a más o si tu presencia hace que disminuya la discusión. Si va a menos, todo solucionado. Si va a más, vuelve al punto dos o al uno. Recuerda siempre no tomar partido por ninguno de ellos nunca.

Cuando ya estéis tranquilos, da pie a conversaciones en las que podáis tratar lo que está ocurriendo. Recuerda que, «cuando un niño se porta mal, es porque se siente mal».

¿Qué hacer para que no me afecte tanto?

Aquí te dejo algunas recomendaciones:

- Quítale hierro al asunto. Piensa si realmente es tan grave. ¿Lo es? ¿Hay que llamar a la Policía? ¿No lo es? Entonces, relativiza, ve la situación como lo que es: un aprendizaje en las relaciones interpersonales. Lo que tú hagas agravará o no ese aprendizaje.

- Recurre al humor. Parece difícil; sin embargo, es una de las estrategias que mejor resultado te dará a corto plazo y que mejor efecto tendrá a largo plazo. Imagina la diferencia al recordar: «Mi madre, siempre que nos enfadábamos, gritaba; se enfadaba ella más que nosotros…», a «Mi madre siempre supo que eran nuestras cosas y confiaba en nosotros. Sabíamos que estaba ahí por si la necesitábamos, pero arreglábamos nosotros nuestros conflictos casi siempre».

- Recuerda que nosotros también fuimos niños y qué buscábamos con esas «peleas», y sobre todo qué es lo que ha hecho que las peleas cesaran y desaparecieran, o qué es lo que hizo que aún hoy haya rencillas y malas relaciones. Porque, curiosamente, esto que empezó en la infancia con nuestros hermanos parece que pertenece solo a la niñez, pero, cuando analizamos la constelación familiar, nos damos cuenta de que los roces siguen presentes en la edad adulta, y la manera en la que intervinieron los adultos, nuestros padres, en ese momento es la pieza clave en todo esto.

- Enfócate en lo positivo, no señales lo que ya sabes que hacen mal. En vez de decir: «Siempre estáis igual»;

«¿Otra vez?», opta por una frase que los distraiga o redirija, o directamente recuérdales cuando lo hacen de otra manera: «Chicos, ayer os vi compartir el juguete»; «Ay, si veo que estáis jugando juntos, qué suerte tener un hermano con el que jugar... Yo recuerdo que el tío nunca jugaba conmigo, o se enfadaba...». Lo que se te ocurra que permita liberar tensión y redirigir la situación. Recuerda que un cerebro en modo «cocodrilo» es como un volcán a punto de estallar.

- No los compares, acepta la singularidad de cada uno. No tienes dos hijos iguales, y ni siquiera tú eres la misma madre con cada uno de ellos. Recuerda que cada uno es único y tienen sus propias necesidades.

RABIETAS
TIENE MUCHAS RABIETAS… ¿QUÉ HAGO? ¿ME DIVORCIO?

> —Mamá, quiero un colacao. ¿Me lo pones?
>
> —Sí, toma, ya tienes la avena caliente. Espera, que te echo el colacao —dice la madre, y seguidamente lo hace y remueve.
>
> —¡Noooooo! ¿Qué haces? ¡Que lo quería sin remover! ¡Es que eres tonta! Ahora ya no lo quiero…
>
> Entonces, el niño se tira al suelo a llorar, completando así la jugada.

¿Y tú qué haces ante una situación así?

Normalmente, los padres tenemos dos opciones.

La primera sería dejarnos llevar por la situación y reaccionar. Añadir más leña al fuego y hacer que eso estalle como la pólvora (tener una rabieta, vamos).

> —¡Madre mía, lo tuyo no es normal! ¿Vas a llorar por esto? Y me faltas al respeto insultándome. Pues, si te crees que te voy a poner otro, estás listo. Te lo bebes. Y ya vale tanta tontería, que lo que te pasa a ti es que estás muy consentido y hay que darte todo lo que tú quieres.

La segunda opción consistiría en ser adultos y ejemplo de calma y control, haciéndonos cargo de la situación, actuando. Conectando primero.

—Cariño, que no me he dado cuenta. Mamá no sabía que lo querías sin remover. Lo he hecho tan rápido..., así como hace Flash... Y, ala, lo he removido... Jo, ¿qué hacemos ahora? Por cierto, mamá no te ha insultado...

Entonces, ¿de quién son las rabietas, de los niños o de los padres? ¿Has visto alguna vez a un adulto con una rabieta? Pues sí, las tenemos, y más a menudo de lo que creemos. A veces, precisamente, nuestra «rabieta» (enfado, frustración, nervios, rabia, queja, estrés...) es tal que podemos llegar a sentir rechazo (sí, es algo de lo que no se habla mucho...) y generarnos sentimientos negativos que derivan en culpabilidad.

En *El cerebro del niño*, Daniel Siegel comenta lo siguiente:

> La temida rabieta puede ser una de las experiencias más desagradables de la paternidad. Ya sea en público o en privado, puede convertir al instante en el ser más desagradable y repulsivo del planeta a la persona que es dueña de nuestro corazón y que mueve montañas con una hermosa sonrisa.

Yo sigo sin saber si Siegel habla de rabietas del niño o del adulto... Lo que sí nos deja claro es que podemos distinguir dos tipos de rabietas, según si está involucrado el cerebro superior o el inferior. No me extenderé en estos dos, porque en el libro lo explica muy bien, solo te dejaré un par de pistas.

Tipos de rabietas según el cerebro

- **Rabietas del cerebro superior**: cuando nuestro hijo, en plena rabieta, es capaz de parar el llanto y prestarnos atención (por ejemplo, imagina que está llorando porque no le compraste un juguete y le dices: «Anda, mira, si tengo aquí uno como el que querías»).

- **Rabietas del cerebro inferior**: cuando no atiende a razones y solo podemos acompañar y velar porque no se haga daño a sí mismo ni a otros. Parecerá inconsolable y muy afectado.

Pero también podemos diferenciarlas según cómo actuemos nosotros, porque las rabietas del cerebro superior, fácilmente, pueden acabar en rabietas del cerebro inferior si no sabemos actuar adecuadamente.

TIPOS DE RABIETAS SEGÚN EL ESTILO DE PATERNIDAD

- **Rabietas previsibles**: aquellas que podemos de alguna manera anticipar y «evitar o minimizar». Por ejemplo, que estén malitos, con dolor de boca, con sueño, hambre... Es decir, aquellas situaciones en las que sus necesidades más básicas no están cubiertas. Y dentro de estas, podríamos matizar aquellas situaciones en las que sabemos lo que hay que hacer, pero al final nos dejamos llevar por no modificar nuestra actitud. Por ejemplo, en temas que son básicos: salud, seguridad y normas propias de esa familia.
  - Imagina que quiere ir sin cinturón de seguridad en el coche. No lo permitirías, y eso podría desencadenar una rabieta.
  - Imagina que quiere alimentarse únicamente de patatas fritas de bolsa. No le dejarías hacerlo, y eso podría desencadenar una rabieta.
  - Imagina que no quieres que vayan comiendo por toda la casa, le marcarías el límite, y eso podría desencadenar una rabieta.
- **Rabietas no previsibles**: aquellas que tienen más que ver con el funcionamiento cerebral y no tanto con la intencionalidad del niño o del adulto, aunque, como ya veremos, el adulto es la clave para minimizar la rabieta o encenderla más... Esas rabietas tienen mucha relación con el momento evolutivo de nuestros hijos: su inmadurez emocional.

¿Y qué podemos hacer entonces?

Por un lado, prevenirlas o evitarlas; por otro, ser más pacientes y flexibles. ¿Son nuestras expectativas acordes a la edad de nuestro hijo, a lo esperable según su edad?

Y por otro lado, tener en cuenta cómo intervenimos:

- **Comprendiendo**. ¿Seguro que entendemos que aquello que le estamos pidiendo va en contra de su deseo? Hablamos de comprender, no de «conceder», que a muchos se nos enciende el piloto de alarma y hacemos aspavientos: «Ah, ahora hay que darle al niño todo lo que pide...», y no es eso lo que estamos diciendo.

- **Educando**. «Bien, eso que quiere hacer no se puede hacer», entonces tendremos que educarlo para que sepa lo que sí puede hacer (redirigir) con frases cortas y concretas.

- **Preguntando en vez de ordenar**. Uno se siente más motivado a colaborar cuando se le dan opciones o se le pregunta en vez de recibir órdenes a las que solo puede obedecer o revelarse. Poco margen de maniobra les damos.

RECUERDA

A continuación, te señalo algunos puntos a modo de resumen para actuar ante cualquier rabieta:

- ✓ Entiende que las rabietas son propias de la edad (normalmente, sobre los 2 años).
- ✓ Observa y anticípate. Si ya sabes que monta una rabieta porque quiere ponerse el pijama de manga corta en invierno, guárdalo con la ropa de invierno hasta el cambio de armario.
- ✓ Redirige y distrae. Cuando son pequeñitos, podrás ayudarlos a disminuir sus rabietas si conectas con ellos y reorientas su conducta hacia otra actividad.

✓ Asegúrate de que haya actividades de movimiento. Los niños necesitan descargar adrenalina, liberar «tensión». Para ello, el juego loco, bruto o movido ayudará a canalizar toda su energía y a que se sientan más relajados en el resto de situaciones. Déjalos jugar libremente; esto contribuirá a que aprendan normas y sepan resolver conflictos.

✓ Relativiza. Como se suele decir, «quítale hierro al asunto», porque, como ya he comentado en otras ocasiones, esto también pasará. Y como me enseñó mi amiga Ely (Molina, 2020), con esta frase de Noelia López-Cheda, «¿cómo quieres que tus hijos te recuerden, como la loca de los pelos o la de la melena al viento?».

✓ Vigila tu conducta. Muchas veces, somos nosotros, los adultos, los que favorecemos conductas negativas (y la sociedad y estilos de crianza erróneos tampoco ayudan): parques cerrados, restaurantes no adaptados para niños, centros comerciales…

✓ Valida sus sentimientos, conecta con ellos. Imagina que, en ese momento de rabieta, tu hijo estuviera armado con un fusil de asalto ruso AK-47, en mitad de un atraco, y el policía le dijera: «Venga, tú, atrévete a disparar, a ver si puedes, que verás la que te va a caer. Vaya comportamiento el tuyo, ¿crees que vas a llegar así muy lejos? No, ¿verdad?». Normalmente, viene un mediador, negociador, que «templa» los nervios con frases como: «Tranquilo, todo va a ir bien, baja el arma, vamos a hablar…». Gritar, amenazar, ignorar, insultar…, todo ello solo servirá para añadir más leña al fuego.

✓ Acompaña ese momento, protegiéndolo para que no se haga daño a sí mismo ni a otros, ni perjudique nada a su alrededor. Habrá niños que rechacen un abrazo (a veces, inicialmente), y otros que se apaciguarán en nuestros brazos. Nadie mejor que vosotros para saber lo que tu hijo necesita para tranquilizarse. Pero recuerda que eres el espejo en el que se mira, y tu calma será su calma.

Se me ocurre un ejercicio:

1. Piensa en todas las cosas que provocan rabietas en tu hijo/a... Anótalas si te hace falta.

2. Examina qué pasó antes: ¿sueño, hambre, enfermedad, dolor, queja, búsqueda de atención, necesidad de libertad, movimiento...? ¿Cómo empezó la rabieta? ¿Cómo continuó?

3. Pregúntate qué hiciste tú... ¿Lo ayudaste para que pudiera calmarse? Imagina que eres un agente del TEDAX (Técnicos Especialistas en Desactivación de Artefactos Explosivos), ¿vas a ir a lo loco a cortar cualquier cable sabiendo que puede hacerlo estallar en cualquier momento?

4. Por último, plantéate la siguiente cuestión: ¿cómo acabó? Y cuando ya pasó todo, ¿qué conclusiones sacaste?

Ahora, piensa en todas esas situaciones en las que tu hijo/a no tiene rabietas. ¿Qué hace? ¿Cómo está? ¿Qué haces tú? Busca esas muestras de tranquilidad, responsabilidad, calma, y observa cuántas veces se dan unas y cuántas se dan otras.

A menudo, los resultados nos sorprenden, pues ni son tantas las situaciones de rabieta ni son tan graves. Y en casi todas, una actitud positiva por nuestra parte marca la diferencia.

Como todo, pasará con la edad, y tu actitud será la clave para recordarlo como algo más del desarrollo. Dice Rosa Jové (Jové, 2011) que «una rabieta no es nada más que un deseo del niño enfrentado al deseo de los padres».

Las rabietas tienen fecha de caducidad, no desesperes.

SUEÑO
¡VENGA, A DORMIR, QUE QUIERO VIVIR!

A menudo, nos preguntamos por qué es tan difícil que nuestros hijos se vayan a dormir cuando se lo decimos; por qué tenemos que meternos en la cama con ellos hasta que se quedan dormidos; por qué no se duermen enseguida, o por qué no pueden dormir solos.

Una noche, con mi hijo de 6 años, cuando creía que se había quedado dormido, empecé a salir lentamente de su cama para que no notara que me iba. Y cuando ya tenía un pie fuera, me dijo:

> —Mamá...
> —¿Qué?
> —¿Dónde vas?
> Con cara de circunstancia y risa nerviosa de «me ha pillado», contesté:
> —Ay, cariño, es que ya me voy a mi cama... Pero te quiero mucho.
> —Vale, mamá... Vamos a hacer como que no me he enterado de que te vas. Yo te quiero también.

¿Y quieres saber cómo continuó esta historia? Pues otro día, estando ya dormida en mi cama, oí cómo se acercaba por el pasillo y empezó a meterse en nuestra cama; así que le dije: «Hijo, ¿dónde vas?». Y me respondió: «Me vengo a dormir contigo, pero tu haz como que no te enteras. Te quiero mucho». Ese día me dormí con una sonrisa.

Veamos qué dicen los expertos sobre el sueño...

¿Cuántas horas necesitamos dormir? En personas sanas (adultos), las necesidades rondan entre 7 y 8 horas de sueño. Aunque hay adultos que con 5 o 6 horas tienen suficiente, ya que las necesidades de sueño pueden verse afectadas por factores genéticos, ambientales, etc.

En el caso de los niños y adolescentes, la cosa cambia. En la tabla de abajo se recogen las cifras habituales.

EDAD	HORAS DE SUEÑO RECOMENDADAS
4-12 meses	12-16 horas (siestas incluidas)
1-2 años	11-14 horas (siestas incluidas)
3-5 años	10-13 horas (siestas incluidas)
6-12 años	9-12 horas
13-18 años	8-10 horas

Recomendación de la American Academy of Sleep Medicine.
(Paruthi, *et al.*, 2016).

¿Te han llamado la atención las horas de sueño necesarias en la adolescencia?

Como veíamos en el capítulo dedicado a la adolescencia, esta es una etapa de grandes cambios, y el sueño también constituye uno de ellos. Y si ya sabíamos que en la etapa infantil las necesidades de sueño son mayores, también el adolescente necesita dormir más que el adulto.

Tienden a activarse por la noche y a irse a la cama más tarde, por lo que, por la mañana, les cuesta más madrugar. No son vagos, son «búhos adolescentes».

Durante la adolescencia, se da un retraso en el ritmo circadiano (Crowley, *et al.*, 2018). El adolescente se convierte en un «búho». Todo apunta a que existe una menor sensibilidad a la luz que retrasaría la liberación de melatonina, una reducción del 50 % de la fase de sueño de ondas lentas (básica para la consolidación de las memorias) y una reducción del 75 % de los picos de amplitud de las ondas delta en la fase NO REM. Todo esto tiene un impacto importante en su implicación educativa: somnolencia diurna, sueño insuficiente o mala calidad del mismo, que derivan en un peor rendimiento académico en la infancia y en la adolescencia (Guillén, 2020).

En la literatura científica, las personas son catalogadas en dos grandes grupos (cronotipos), según las necesidades particulares y la distribución de horas de sueño:

- **Alondras**: aquellas personas que madrugan más y son más productivas a primera hora del día.

- **Búhos**: personas que se van más tarde a la cama y que prefieren horarios más tardíos. Les cuesta más madrugar.

En la práctica, lo que suele ocurrir es que todos nos movemos entre uno y otro, sin que haya evidencia científica de que alguno sea más beneficioso que el otro para nuestra salud física o mental, pero lo que sí se sabe es que afectan a nuestros horarios escolares o laborales.

El núcleo supraquiasmático del hipotálamo hace que la glándula pineal del cerebro libere la hormona inductora del sueño, llamada «melatonina», que hace que nos sintamos somnolientos y cansados. Estas señales son enviadas como parte de un patrón muy predecible que se repite, aproximadamente, cada 24 horas, el ritmo circadiano, que determina el nivel de alerta y regula el sueño, junto con el mecanismo homeostático de sueño y vigilia, que nos impulsa a dormir cuando existe necesidad.

El ritmo y la intensidad de la liberación de melatonina son inversamente proporcionales a la luminosidad; es decir, a más luz, menos melatonina y menos sueño, y al contrario, a menos luz, más melatonina y más sueño. La actividad cíclica del núcleo supraquiasmático también regula la temperatura, incrementándose durante el día para luego disminuir durante la noche, lo cual facilitará el sueño.

Todo esto es la teoría, pero ¿y qué hacemos en la práctica? Lo que más te va a ayudar con respecto al sueño infantil es la calma. Sí, sé que es fácil de decir, pero es que no hay otra. Pero vayamos por partes: no es lo mismo tener un bebé recién nacido, un niño de 3 años, uno ya de 8, que uno de 15, y lo que más te va a servir con todos ellos es tu calma, además de entender cómo funciona el sueño infantil.

En el caso de los recién nacidos, podríamos dedicar capítulos enteros a profundizar en el sueño a esa edad y en los recursos para que duerman mejor, por lo que aquí solo te recomendaré a un prestigioso pediatra que ha desarrollado un método infalible para calmar y dormir a los recién nacidos: Harvey Kapr, con su método «El bebé más feliz».

Consiste en cinco sencillos pasos que activan el reflejo calmante con el que todos los bebés nacen y que, en situaciones de estrés (sueño, dolor...), se anula:

1. Envolver al bebé con una manta o arrullo.
2. Ponerlo de lado (solo mientras está en brazos, pues en la cuna siempre debe estar acostado sobre su espalda).
3. Hacer sonidos suaves (tipo «shshshsh») o ruido blanco.
4. Mecerlo.
5. Ofrecerle algo para chupar, como su dedo.

Si finalmente te decidieras a aplicar este método, no olvides recurrir a la fuente original y asegurarte de que conoces bien el método.

Como viste en la tabla inicial, hay una recomendación de horas aproximadas de sueño en recién nacidos (de 12 a 16 horas con siestas incluidas), lo que no dice es si esas horas son «del tirón» o en varios ciclos de sueño... Te diré, por experiencia, que no hay dos niños que duerman igual y que, para los padres, es muy desesperante la privación de sueño, pero aún lo es más cuando a nuestro alrededor la gente opina y nos dice lo que sería esperable con esa edad o lo que debería ser... Recuerdo que con mi hijo mayor no dormíamos más de 2 horas seguidas. ¡A veces, los intervalos eran de 15 minutos! Lo sé porque me hice con el libro *Dormir sin lágrimas*, de Rosa Jové (2007), y con *El sueño del bebé*, de Elizabeth Pantley (2009), y llevé un registro diario de sueño. Hoy, mi mayor tiene 12 años, y te podría decir que es el que mejor duerme... contra todo pronóstico (y sí, llegamos hasta consultar con la unidad del sueño en Madrid).

Con respecto a los niños de más de un año, y hasta aproximadamente los 8 años, verás que los ritmos de sueño también cambian. Es cierto que son más autónomos, pero por esa razón, y como vimos en capítulos anteriores, empiezan a tener más miedos, y la hora de dormir puede ser un momento clave en su desarrollo.

Lo que vean en la tele, cómo hayan pasado el día, si están tranquilos, si están preocupados, el colegio..., todo esto va a interferir en su sueño.

Hay niños que en estas edades (sobre todo a partir de los 3 años) comienzan a tener pesadillas o terrores nocturnos. No son lo mismo, pero no te alarmes, no es grave, lo importante es que te informes y actúes adecuadamente.

A veces alargan las horas del día todo lo que pueden; otras estarán tan cansados que se dormirán sin rechistar, y otras te pedirán un cuento tras otro, un vaso de agua, hacer pis, un beso, otro beso..., lo que sea con tal de que no te vayas. Solo tú sabrás si le está ocurriendo algo (por ejemplo, que esté pasando por una época de miedos) o si simplemente ese día haya estado poco contigo y quiera recuperar el tiempo perdido (¿hoy tuvisteis ratitos juntos? ¿Solo para vosotros? Y no me refiero a darle de cenar, bañarlo deprisa y corriendo...). Que un niño quiera que estés con él/ella es de lo mejor que le puede pasar a una madre o a un padre, y te lo digo yo, que me pasé muchos años cenando frío, volviendo a su cama una y otra vez porque se despertaban, cambiando sábanas porque se hacían pis o vomitaban, durmiendo con ellos hasta la mañana siguiente o despertándome a las 3 en su cama para irme a la mía, pidiéndoles una y otra vez que se durmieran porque esa noche mi marido y yo nos íbamos al teatro o al salón a ver una peli... Y aunque no lo creas, todo esto ya pasó.

Y del sueño adolescente... ¿qué puedo contarte? Que vas a necesitar calma, mucha calma, para entender lo aparentemente «incomprensible». Como te decía en el capítulo dedicado a la adolescencia, se producen muchos cambios en esta etapa, y uno de ellos tiene que ver con el sueño. Durante la adolescencia, la fabricación de la hormona cerebral melatonina, responsable de la inducción del sueño, empieza a fabricarse unas horas más tarde que en los adultos. De ahí que les sea más difícil conciliar el sueño. Querrán irse a la cama más tarde, porque antes no tendrán sueño... El problema es que esto derivará en que se despertará más tarde por la mañana, puesto que necesita dormir una media de 9-10 horas al día. Así que haz las cuentas... Si le dan las 12:00 de la noche, hasta las 9-10 de la mañana no deberías tenerlo despierto, y esto en época escolar no es viable... Así que les despertaremos antes, con sueño, con pereza, quejándose ellos, quejándonos nosotros... Es su ciclo circadiano el que está alterado y no que sea un rebelde insoportable (bueno, esto un poco también, pero es lo que le toca por edad).

RECUERDA

Establece rutinas para la hora de ir a dormir, cosas tan sencillas como ir bajando el ritmo, luces, tono de voz... Si, por ejemplo, quieres que a las 20:30 estén dormidos, comienza la rutina a las 19:45 poniendo música de fondo, hablándoles más bajito, creando momento de calma y relax. Podéis instaurar una rutina que consiste en caricias, cuento y a dormir, o música, cuento, beso y a dormir, o masaje, contar historias, proyectar sombras y a dormir... Lo que funcione en vuestra casa, pero dándole un cierto toque de constancia y hábito, para que los niños sepan lo que va antes y lo que va después. Si son muy pequeñitos, esa rutina os servirá a vosotros para organizaros y bajar pulsaciones. Si son más mayores, ellos pueden elaborar un cuadro de rutinas e ir comprobando que se van siguiendo todos los pasos.

En esta vida, todo son etapas, va a pasar antes de lo que crees, y si ahora es un «suplicio» leerle un cuento cada noche, te aseguro que, en un abrir y cerrar de ojos, se va a dormir solo, e incluso te dirá: «Mamá, ¿te puedes ir ya?». Muchos padres sueñan con ese día cada noche... Hasta que llega y dicen: «Pues tampoco era para tanto... ¿Qué son 3-4 años en una vida de 40 o 50?».

TAREAS DEL HOGAR
AQUÍ COLABORAMOS TODOS

—Juan, si ya has terminado de jugar, recoge los juguetes, que está todo tirado por la habitación.

—Oye, Lucía, ¿qué pasa con la ropa? ¿Es que no tienes armario? A ti te da igual que yo ponga la lavadora, tienda y planche 20 veces... No va contigo, ¿no?

—Ay, mamá, ya estás otra vez, ¡mira que eres pesada!

—¿Pesada? ¡Encima! Ya lo que me faltaba por oír. Tú no sabes que te la estás jugando. Cuando quieras tu ropa limpia, no la vas a tener.

—Siempre me estás amenazando, me amargas la vida.

—De verdad, no puedo contigo. Eres...

—¿Sí? ¿Qué soy? ¿Lo que tú no eres? Que eres doña perfecta, que todo lo haces bien y todo hay que hacerlo a tu manera...

—Se acabó, vete ahora mismo a tu cuarto y ya veremos si te dejo ver una peli esta tarde o te quedas en tu habitación a pensar.

—Que vale, que sí, que me da igual. A pensar irás tú. Porque... Mejor me callo.

Colaborar en las tareas del hogar —y cuando digo «tareas del hogar» incluyo recoger juguetes, ordenar la habitación, echar una mano con el lavavajillas, la lavadora, baños, recoger la toalla después de ducharse, su plato después de comer, etc.— es una manera muy buena de desarrollar en los niños el sentido de pertenencia y contribución.

Una de las cosas en las que más insisto en los talleres con padres es en la importancia de que los niños (¡y adultos!) sientan que pertenecen y que pueden contribuir. ¿Y cómo puede uno contribuir? Sintiendo que tiene algo que aportar, que es tenido en cuenta, valioso... Vamos, que todo lo que uno pueda hacer por sí mismo no sea hecho por los padres: llevar su mochila, hacer su cama, preparar su desayuno, ordenar sus cosas, poner la mesa, limpiar sus zapatillas, etc.

Te pongo un ejemplo. Tu hijo de 3 años... ¿sabe ponerse el pijama?

Respuesta:

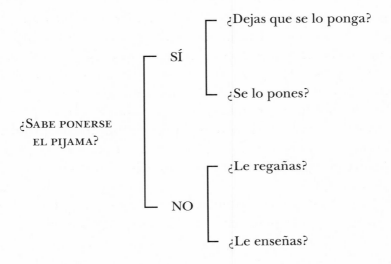

Hoy día, las prisas nos impiden parar, observar y darnos cuenta de cuántas cosas hacemos por los niños que ellos podrían hacer por sí mismos. ¿Y por qué se lo hacemos los padres si sabemos que ellos serían perfectamente capaces? Además de a causa de las prisas, por la perfección, por la inseguridad, por la falta de confianza: «Uy, sí, lo que me faltaba, dejar que se vista solo por las mañanas... No llegaríamos nunca»; «Sí, claro, va a hacer su cama... Hace un churro como mucho»; «Que va, que va, el mío no hace nada, se lo tengo que dar todo hecho»; «Imposible, si es muy pequeño, aún no sabe»...

Y claro, cuanto menos hacen, menos quieren, y cuanto menos quieren, más hacemos nosotros, y cuanto más hacemos nosotros, menos hacen ellos. Y de repente, cuando menos te lo esperas, te oyes a ti mismo/a diciendo: «No me lo puedo creer, ¡es que no colocas ni la toalla después de ducharte! Claro, como lo hago yo todo...». Y sin darnos cuenta, pasamos al reproche, creyendo además que les estamos enseñando y haciendo recapacitar, pensando: «Verás, después de esto va a ayudar un montón y va a colocar la toalla en su sitio siempre...». Y, ¡plas!, magia, lo hace... ¿O realmente eso no surte efecto y todo sigue igual?

Si supiéramos que permitirles hacer más los fortalece, dejaríamos de hacer cosas por nuestros hijos que pueden hacer por sí mismos y dejaríamos espacio para que practicaran, incluso cuando hacen cosas de manera imperfecta. Cuando te diga: «No puedo», ten paciencia y di: «Confío en que puedes manejar esta tarea», o «No puedes, todavía».

Como adultos, tenemos interiorizados muchos procesos, automatizadas muchas habilidades y mecanizadas muchas tareas. Eso nos lleva a hacer las cosas de manera casi automática, sin pensar en qué tenemos que hacer antes y en qué viene después.

¿Recuerdas cuando aprendiste a conducir? Había pasos que tenías que pensar y meditar antes de hacer: poner la llave en el contacto, asegurarme de que no hay ninguna marcha metida, pisar embrague, meter primera, quitar freno de mano, ir levantando el pedal de embrague poco a poco a la vez que pisamos el acelerador... Ah, y se me olvidaba lo que, primero que todo, debes hacer siempre: ¡ponerte el cinturón de seguridad! Aunque estoy segura de que todos los pasos anteriores ya los habías hecho con el cinturón puesto.

Seguramente, si llevas conduciendo desde hace tiempo, y aunque no te tengas por un ávido conductor, estos pasos no se crucen por tu mente cada vez que te subes al coche y arranques. Pero que no lo hagas de manera consciente no quiere decir que no estén ahí y que no los estés realizando.

¿Y por qué te cuento esto? Pues porque algo que parece tan obvio en adultos lo pasamos por alto con los niños.

Cuando queremos que aprendan una nueva habilidad, nos entra la prisa, y aún es mayor la urgencia cuantos más años tiene nuestro hijo, independientemente de que sea la primera vez que se lo enseñemos.

Te pongo un ejemplo. Mi hijo de 5 años nunca ha hecho su cama. No hacía falta, yo podía hacerla. Me gustaba, no había necesidad, él además no sabía... Y ahora, que tiene 15 años, no hace su cama, pero yo sí quiero que la haga. Es un desastre haciéndola. Se lo he explicado mil veces (¿de verdad han sido mil?) y ni aun así la hace bien. Pero realmente ¿qué le he explicado? ¿Me he tomado tiempo para enseñarle cómo hacerla o he dado por hecho que ya lo sabía?

Sí, y me dirás: «Pues a encender el DVD yo no le he enseñado, y le falta tiempo para cambiar canales, configurar la tele... Pero, claro, eso sí se lo sabe aunque yo no se lo enseñe. Cómo se nota que lo otro no le interesa y esto sí...». Pues, efectivamente, esa es la clave, y los buenos maestros, por suerte, ya saben que, para que el aprendizaje sea efectivo, primero hay que despertar en ellos el interés.

Bien, en este caso, tendríamos que tener en cuenta algunas cuestiones antes de hablar sobre cómo debemos enseñar una tarea nueva a un niño:

- Mis expectativas no son las mismas del niño y que mi forma de hacer las cosas no tiene por qué ser la única manera de hacerlas.
- No hay prisa, todo aprendizaje lleva su tiempo, y dominarlo con soltura y efectividad, más aún (si no, recuerda, ¿cuántas clases tomaste tú antes de examinarte del carné de conducir?).

Hay tantas cosas en las que los hijos pueden colaborar en el hogar...

Entonces, ¿qué le puedo pedir a mi hijo según su edad?

En la siguiente tabla, podrás encontrar algunas sugerencias sobre lo que puede hacer tu hijo según su edad, aunque hay que tener en cuenta que algunas de estas actividades, más que por edad, se distribuyen por capacidad.

2-4 AÑOS	4-6 AÑOS	6-8 AÑOS	8-11 AÑOS	+12 AÑOS
Lavarse las manos	Estirar su cama	Preparar la bañera	Hacerse un zumo	Poner el microon-das
Colgar su abrigo	Quitarse y ponerse ropa	Ordenar su cuarto	Hacerse la maleta	Bajar la basura
Comer solo	Recoger sus cosas	Preparar comidas sencillas	Preparar comidas sencillas	Coser
Poner lo más sen-cillo de la mesa	Ayudar con las aspiradora	Marcar el teléfono	Hacerse responsa-ble de sus activida-des	Ayudar en recados
Limpiar lo que vierta	Preparar desayunos sencillos	Regar las plantas	Tener ahorros	Usar la freidora
Guardar sus jugue-tes	Sacar cu-biertos del lavavajillas	Hacer su cama	Fregar el baño	Planchar

Pero ¿por qué no colaboran? ¿Por qué, si hemos dicho que el ser humano «nace» altruista (recuerda los experimentos de Tomasello en los que el niño le abría la puerta del armario al adulto para que guardara los libros, o a tu hijo, sin ir más lejos, cuando le pedías que te trajera una servilleta, te acercara el plato, tirara un papel a la basura…), esto parece desaparecer con la edad? ¿Qué puede pasar en la relación madre/padre/adulto-hijo para que esto acabe «diluyéndose» y, en muchos casos, desaparezca?

Bueno, pues, como no vamos a hacer un estudio antropológico, nos vamos a centrar en dos preguntas básicas:

1. ¿Por qué quiero que mi hijo colabore? Vale, seguro que me contestas algo así como:

   • «Hombre, lo que faltaba. Entonces, ¿dejamos que haga lo que quiera? ¿No colabora?».

   • «Bueno, pues tiene que colaborar, porque tiene

también que hacer algo, que vive en casa, no es una pensión».

- «Porque no voy a ser yo la que lo haga todo».
- «Es lo que hay. Si quiere derechos, tiene que cumplir obligaciones».
- «Porque tiene que aprender a hacerse responsable de sus cosas y entender que hay que cuidarlas. Todo lo que hay en la casa es suyo; por lo tanto, tendrá que echar un cable».

2. ¿Por qué creo que no lo hace? Aquí las respuestas también pueden ser muy dispares y, en parte, son la clave de lo que puede estar ocurriendo. Veamos:

- «No lo hace porque es un vago, y si por él/ella fuera, menos haría».
- «Pues porque solo quiere jugar y pasárselo bien, no le importa si están las cosas descolocadas, si molestan, si me toca a mí hacerlo todo...».
- «Porque es pequeño/a y no sabe hacerlo, así que lo hago yo por él/ella».
- «Uy, no, no hace nada, y casi mejor, porque, cada vez que hace algo, me toca trabajo doble».

3. Sabiendo todo lo que sé (todas esas respuestas que me doy a mí misma y que «justifican» que mi hijo/a debiera colaborar), ¿cómo voy a permitir que se haga cargo de ello, que le llegue el mensaje?

Este es el quid de la cuestión. Toca revisar muchos patrones adquiridos en la infancia y muchas creencias erróneas que van pasando de generación en generación.

A veces, los padres hacemos todo por los hijos porque los consideramos pequeños (para hacer su cama, vestirse, recoger la mesa...), pero cada vez que hacemos algo por el niño que podría hacer por sí mismo, lo estamos privando de una oportunidad de contribución, pertenencia y, sobre todo, de sentirse capaz. ¿Qué queremos, hijos débiles o hijos capaces?

Para que mi hijo aprenda a colaborar, a ser cooperativo y responsable, yo tengo que ser un adulto que le pueda enseñar a serlo desde el ejemplo, siendo modelo y dejando de hacerme cargo de todo. Nadie puede tomar la responsabilidad si otro no la suelta primero.

¿Cómo podemos hacer que los niños tengan ese sentimiento en el hogar? Implicándolos en las tareas de la casa: eres necesario y eres parte de esto, porque tienes mucho que aportar. Por supuesto, debemos tener en cuenta la edad del niño, no será lo mismo si tiene 3 años que si tiene 15; sin embargo, desde el nacimiento los niños pueden empezar a darse cuenta de lo importantes que son para nuestra familia, desarrollando habilidades que los hará sentir capaces y válidos. Y esto es clave para sentir pertenencia y contribución.

Empieza a practicar con ellos desde bien pequeños, paso a paso (esa es otra herramienta de disciplina positiva que veremos más adelante). Te doy unos *tips* que puedes aplicar con cualquier tarea que quieras enseñar:

1. Comenta con él/ella lo importante que es su ayuda y colaboración en las tareas de casa.
2. Permite que elija una actividad, o bien sugiérele empezar con una sencilla: sacar la ropa de la lavadora, juntar calcetines, hacer la cama...
3. Elabora una lista de tareas en las que puede ayudar.
4. Elige un día en el que no tengas prisa para empezar a enseñar la tarea escogida.
5. Crea una rueda de tareas en la que se pueda escoger al azar, mediante un juego...
6. Recuerda que no importa tanto el resultado como la iniciativa. Es importante que entiendan que son parte de esto y que necesitamos su contribución.
7. Agradece que lo hagan, igual que nos gustaría que nos lo tuvieran en cuenta a nosotros.
8. Alienta y valida lo hecho.

Las tareas del hogar deben ser algo compartido, y cuanto antes empecemos a trasmitir el mensaje, antes estaremos favoreciendo la independencia, la capacitación, el respeto, el sentimiento de pertenencia y contribución. Si a un niño se lo hacemos todo, estaremos mandando el mensaje equivocado de que el mundo gira en torno a él.

Recuerda rebajar expectativas, lo principal es que sientan que son importantes para nosotros y que tengamos en cuenta todo lo que pueden aportar para una convivencia más respetuosa en el hogar. No hay una edad concreta para empezar. Los niños desde pequeños quieren ayudar, y podemos permitírselo con tareas adecuadas, mostrando confianza en ellos.

Para que un niño adquiera una nueva habilidad y esta se mantenga en el tiempo, lo ideal sería dividirla en pequeñas secciones (o pequeños pasos) para poder ir consolidando y aprendiendo poco a poco.

Te muestro cómo enseñar nuevas habilidades en el ejemplo anterior de hacer la cama:

1. Haz tú la cama y que él/ella observe.
2. Pídele que te ayude a hacer la cama: te puede acercar la almohada, dar la colcha, el pijama…
3. Pídele hacer juntos la cama, cada uno irá estirando las sábanas de abajo, luego acomodaréis la almohada, estiraréis la sábana de arriba, remeteréis la colcha…
4. Unos días (o una semana) después, tras haber practicado el paso anterior un tiempo, le pediremos que haga la cama estando nosotros cerca para echarle una mano o ayudarlo si lo necesita.
5. Hará la cama, y nosotros solo observaremos, estaremos cerca haciendo otras cosas, pero ya no intervendremos.
6. Hará la cama sin que sea necesaria nuestra presencia.

En resumen, los pasos para capacitar son: primero, tú lo haces y ellos miran; después, tú lo haces y ellos ayudan; seguidamente, ellos lo hacen y tú ayudas, y por último, ellos lo hacen y tú miras (sin crítica, solo como reconocimiento y celebración).

¿Y si se niega a colaborar pese a todo?

—Cariño, ¿puedes sacar el lavavajillas?

—Jolín, otra vez. ¡Yo paso! Que lo saque mi hermano.

—Oye, ni se te ocurra quejarte. Habíamos quedado en que lo sacabas tú.

—Sí, claro, ¿y mi hermano? Él no lo sacó ayer...

—Me da igual lo que pasara ayer. Además, tu hermano hace otras cosas. Hoy lo sacas tú, sí o sí. Si ya sabía yo que no ibas a cumplir...

—Ah, ¿ya lo sabías? ¡Qué pesada eres! Siempre la tomas conmigo.

—¿Contigo? ¡Es que tú siempre te quieres salir con la tuya!

—Vale, que sí, que lo que tú digas, que me dejes.

—¡Oye! ¡Ven aquí ahora mismo! A ver, ¿dónde te crees que vas? ¡Que vengas, he dicho! Oye... ¡No me hagas ir a por ti!

1. No lo amenaces, no lo chantajees ni recurras a sobornos. Simplemente, sustituye el «Si haces esto..., entonces aquello...», por esto otro: «Cuando hayas hecho..., entontes esto...». De esta manera, tu hijo sentirá (y tú también) que confías en que lo va a hacer y solo buscas su compromiso.

2. Revisa el listado de tareas que habíais acordado previamente realizar y haz seguimiento para ver si se está cumpliendo el compromiso.

3. Cuando no se cumpla, evita entrar en una lucha de poder: «O se hace lo que yo digo, o lo que tú dices. A ver quién cede».

4. Lleva a la reunión familiar estos problemas para buscar soluciones. Elaborando un plan que funcione para toda la familia.

—Cariño, ¿puedes sacar el lavavajillas?

—Jolín, otra vez. ¡Yo paso! Que lo saque mi hermano.

—Me vendría bien tu ayuda.

—Puff... Qué pesada...

—Gracias, hijo. Podrías hablarme mejor...

—Vaale... Perdona, mamá.

RECUERDA

Dicen que las manos de un niño son pequeñas. Dicen que sus pies son pequeñitos. Pero su capacidad de aprendizaje es inmenso.

Si te dijera que muchos padres hacen por los niños cosas para las que ellos están capacitados y que esto trasmite la idea al niño de «No soy capaz y por eso mis padres lo hacen por mí...».

Si te dijera que muchos niños viven con la creencia errónea de que alguien te quiere cuando hace las cosas por ti y que están aquí para recibir de otros. Y que todo esto, por supuesto, se hace en el nombre del amor...

Y si te dijera que la autoestima proviene de tener habilidades, y que hacer las cosas por los niños no solo no refuerza su autoestima, sino que en realidad los desalienta.

No pierdas la calma, evita la impaciencia, tómate el tiempo que necesites para actuar de manera reflexiva y alentadora: «Adulto, no gaste tanta energía en controlar y dirigir. Gasta energía en modelar» (R. Dreikurs).

7.
¿Y CÓMO HAGO PARA CONTROLARME YO?

En esto de educar, hay dos componentes básicos: el autocuidado (misión necesaria) y el autocontrol (misión posible de aprender).

Quiero hablarte primero de qué es eso del autocontrol y qué beneficios tiene en la crianza de nuestros hijos y en las relaciones con los demás...

En los talleres (y en mi vida diaria, esto es el pan nuestro de cada día), los padres me dicen que qué difícil es controlarse, que cómo aprende uno a hacerlo (¿acaso aprendes alguna vez?):

—Sí, si yo sé que gritar no está bien... Pero ¿qué hago cuando ya no puedo más, cuando le he dicho 3 veces que venga a cenar y sigue ahí jugando, sin oírme, sin hacerme caso (sin obedecerme...)?

Bueno, está claro que tenemos que ir poquito a poco, y como has podido comprobar en cada uno de los capítulos de este libro, solo se requiere actitud, conocimiento y práctica. Como dice mi querida mentora Marisa Moya, se necesita mucho pico y pala, pero también la lupa…, y es que esta lupa nos va a venir genial para ver qué queremos realmente de nuestros hijos y de nosotros mismos.

Sabes que tú eres quien más quiere a tus hijos y también quien más les influye, y que se miran en ti, siendo el espejo que les devuelve la cara más amable de la vida. Y sin embargo, uf, nos sale un fuego de dentro, una furia…, que, si nos lo llegan a decir, no nos lo creemos.

Pues bien, muchas veces estamos más enfrascados en controlar a los niños que en controlarnos a nosotros mismos.

Tener autocontrol es todo un desafío, se requiere mucha práctica y mucha constancia. La buena noticia es que la crianza de nuestros hijos nos brinda oportunidades maravillosas para practicar.

Te propongo un plan. Piensa en un reto que tengas con tu hijo habitualmente… Te dejo tiempo y espacio para pensar:

¿Lo tienes? ¿Sabes identificar las primeras sensaciones, emociones, pensamientos y acciones?

Anótalas en un papel o a continuación:

1. ¿Qué sientes cuando ese reto ocurre?
2. ¿Qué pensamientos provoca en ti ese sentimiento?

SENTIMIENTOS	PENSAMIENTOS	ACCIONES

Te doy unas cuantas claves que te pueden ayudar:

Primero, es necesario aprender a identificar qué o quién nos hace «destaparnos», salir de nuestro centro de control y... dejarnos llevar. Anota en un papel estas cosas que te molestan y, al lado de esa lista, escribe lo que puedes hacer para que esa molestia sea menor o desaparezca. Como estarás pensando, habrá cosas que te molesten sobre las que tú no tengas control, por lo que aquí lo importante es que cambies la forma en la que vas a responder y pienses de qué otra manera la puedes asumir.

ME MOLESTA...	YO PUEDO...
Que me hagan esperar en el médico.	Mirar el móvil mientras y responder mensajes. Ponerme los cascos y escuchar una canción.

Y después, debes reconocer lo que está ocurriendo en tu cuerpo en ese momento. Cuando hayas concretado esa sensación, molestia, estado..., recurre al tiempo fuera positivo y enfócate en soluciones.

SIENTO...	MI CUERPO REFLEJA	MEDIDASPREVENTIVAS
Estrés	Me duele la cabeza y el cuello.	Tomarme unos minutos al día para parar.
Cansancio	Se me cierran los ojos.	Ir a la cama antes cada noche. Pedir ayuda.

Como antes, haz tu lista e identifica lo que te molesta.

Me molesta...	Yo puedo...

Describe lo que pasa en tu cuerpo.

Siento...	Mi cuerpo refleja	Medidas preventivas

8.
Y POR ÚLTIMO, TÚ:
PONTE EN PRIMER LUGAR

No podía acabar este libro sin hablar de la persona más importante y que está al otro lado de este libro: tú.

Hace años, cuando estudiaba en la universidad, uno de mis mejores amigos me regaló un libro de citas y frases anónimas y famosas. Me encantaba ese libro y lo perdí. Pero recuerdo una de las frases que más me gustó y que hoy quiero dedicarte a ti, que me lees: «Ojalá el lector pueda gozar de los dos placeres más valiosos de la vida: alguien a quien amar y alguien que lo ame». Y es que la primera persona a quien tienes que amar es a ti misma.

Por eso, en los talleres insisto mucho en que la disciplina positiva no se trata tanto de los niños como de uno mismo. El autocuidado es más esencial de lo que creemos, no es irte un día a la pelu, dormir una siesta o hacer deporte... Bueno, sí, es todo eso y más... Para ser el faro o el espejo en el que tus hijos se van a mirar, cuidarse es esencial.

¿Por qué es importante que te cuides? Porque, sin darte cuenta, cuando dedicas todo tu esfuerzo y energía a cuidar a otros que dependen de ti, te vas desgastando, vas quedándote vacía e incluso mandas el mensaje: «Yo no soy importante, por eso no me respeto, y los demás tampoco tienen por qué respetarme».

Imagina por un momento que tuvieras delante de ti una jarra llena de agua (esa jarra eres tú). Y al lado de esa jarra tuvieras tantos vasos como niños o personas tienes a tu cargo.

Ahora piensa que uno de tus niños te pide algo: «Mamá, quiero jugar», y viertes un poquito de tu jarra en un vaso, y mientras, otro de tus hijos te pide: «Mamá, ¿me ayudas a encontrar la camiseta de fútbol?», y viertes otro poquito de tu jarra en otro vaso... Al ratito, el otro hijo te grita: «Mamáááá, tengo hambre, quiero manzana», y viertes otro poquito de tu jarra en ese vaso... Y si por lo que sea tienes además un adulto con el que vives y que también necesita tus atenciones, también vuelcas un poquito de tu jarra en su vaso. De esta forma tan visual, podrás ir viendo cómo tu energía se va gastando, y si no haces nada por volverla a llenar, te quedarás vacía. Y cuando uno está vacío, ¡no tiene nada que dar!

> —Mamá, el amor nunca es suficiente... Yo no tengo amor.
> —Pero, cariño, tienes todo mi amor...
> Mi hijo, que entonces tenía apenas 4 años, contestó:
> —Pero si tú te quedas sin amor, no puedes vivir.

En mi canal de YouTube de *Infancia en Positivo*, tienes un video titulado «La jarra», en el que te muestro el ejemplo anterior para que puedas hacerlo en casa con tus hijos y entiendan a qué me refiero, mostrándoles que mamá/papá también necesitan tiempo para ellos.

Ponte en primer lugar, no es egoísmo, es necesidad. Si no lo haces por ti, hazlo por ellos, porque, cuando no te cuidas, estás viviendo en modo supervivencia y no actuarás, sino que reaccionarás a sus peticiones.

¿Te ha pasado alguna vez que tu hijo te pide algo y tú contestas con un: «¿Qué quieres, hijo? ¿Otra vez? ¡Que me vais a borrar el nombre!»? Pues esto tiene mucho que ver con cómo estés tú y si estás sacando tiempo para ti.

Te propongo pensar si has notado diferencia entre cuidarte a ti mismo/a y no hacerlo. ¿En la relación con tus hijos? ¿En la relación con los demás? En caso afirmativo, ¿qué diferencias has notado?

Cuidarse no tiene por qué ser algo complicado, pero lo es, porque no le damos la importancia que tiene y lo ponemos siempre en último lugar.

Hacer un plan de autocuidado es básico.

PLAN DE AUTOCUIDADO

La efectividad del plan que acabas de crear dependerá de ti, ya que tú serás el único/la única que lo podrá ejecutar.

AL INICIAR EL PLAN. PUNTO DE PARTIDA

1. ¿Cuánto tiempo y cuánta energía dedicas a cuidarte a ti mismo/a? ¿Mucho, algunas veces, muy poco, nada?
2. ¿Qué áreas necesitas fortalecer para lograr un cuidado integral de ti mismo/a?
3. ¿Qué nuevas acciones has descubierto que podrían ayudarte a cuidar de ti mismo/a y que anteriormente no las habías considerado dentro de tu plan?

PARA VER CÓMO VA EL PLAN. CÓMO VA EL PROCESO

1. Si pudieras medir tu constancia y consistencia para implementar el plan de autocuidado dentro de una escala de 1 a 5, ¿qué número te pondrías?
2. ¿Has encontrado alguna diferencia entre cuidarte a ti mismo/a y no hacerlo? Si la respuesta es afirmativa, ¿cuál o cuáles?
3. ¿Has notado cambios en tu relación con los demás

cuando te cuidas a ti mismo/a? Si la respuesta es afirmativa, ¿cuál o cuáles?

Si te he convencido, te recomiendo empezar teniendo en cuenta (y si no te he convencido, también... Nada me gusta más que comprobar cosas) que te llevará tiempo y constancia hasta que lo interiorices y sea parte de tu rutina diaria.

Crea una lista de acciones que puedas realizar en tu día a día, que no te lleven en principio más de 5-10 minutos y que dependan solo de ti. Por ejemplo:

- Levantarte 10 minutos antes que el resto.
- Desayunar con calma, saboreando tu café, té, chocolate...
- Darte una ducha al final del día, antes de ir a dormir.
- Leer un par de páginas de un libro que te interese.
- Escribir tus reflexiones, tus propósitos, ideas...
- Cuidar una planta (regarla, revisar la tierra, quitar hojas secas, etc.).
- Beber agua.
- Dar un abrazo y recibirlo.
- Agradecer.
- Estar en silencio 10 minutos.
- Oír una canción y bailarla.

Anota esas pequeñas cosas que puedes hacer en tu día a día para recargar tu jarra de energía y elabora tu plan de autocuidado. Empieza por cosas que no requieran mucho tiempo, por insignificantes que parezcan. Cuando las hayas instaurado, notarás que puedes ir añadiendo más e incluso dedicarles más tiempo. Te doy unas cuantas ideas y te adjunto una tabla y el plan de autocuidado para que puedas imprimir y rellenar.

AUTOCUIDADO

Yo soy importante, por lo tanto, me cuido...
Algunos ejemplos:

- **Físico**: recibir masajes, tomar agua, un té, café, zumo, un baño, una ducha, bailar, tomar clases de baile, bicicleta, correr, caminar, aeróbic, ejercicio, sentadillas, planchas, abdominales...

- **Mental**: dibujar mandalas, leer una revista, leer un libro mensual, leer una frase de autosuperación, navegar en internet, redes sociales, escuchar música de relajación, parar y respirar, crear tu propio mantra...

- **Emocional**: escribir un diario, darme agradecimiento y reconocimiento, recordar por qué quiero estar agradecido/a, ver fotos o videos de vacaciones, momentos especiales, grabar unos nuevos, poner música que me traiga recuerdos de situaciones vividas con paz, alegría, ilusión... Dar y recibir abrazos de las personas que están cerca de mí, flores en el jardín, sentarse bajo la luz de una vela, escribir una carta, mirar por la ventana, usar una pelota antiestrés, la botella de la calma...

- **Espiritual**: ayudar a los demás, permanecer en silencio, meditar, hacer yoga, *mindfulness*...

FÍSICO	MENTAL
EMOCIONAL	ESPIRITUAL

Ese podría ser tu plan; cuanto antes comiences con ello, mejor. Poco a poco podrás ir implementando acciones nuevas y que requieran de más tiempo, de otras personas para poder realizarlas, etc. (por ejemplo, jugar al pádel los jueves de 20:00 a 21:30 horas; darte un masaje una vez al mes...).

Como complemento a este plan de autocuidado, puedes trabajar tu yo interior: sanar las «heridas» de la infancia, los sentimientos de dolor, culpa o miedo que están interfiriendo en la crianza y que provienen de tu interior, de tu infancia, tu adolescencia o de momentos especialmente complicados.

Como continuación a esto, hemos de seguir trabajando el autocontrol, como una ayuda en nuestras relaciones con los demás de manera respetuosa. Recuerda: «¿Cuándo es más fácil arreglar un tejado: cuando hace sol o con lluvia?». Lo mismo pasa en la educación de nuestros hijos. Educar es una tarea muy importante, pero, para educar bien, nosotros tenemos que estar bien. Al revés, no funciona.

No olvides respetarte, quererte y amarte. Dispón de un tiempo en tus actividades diarias para dedicárselas a cuidarte a ti mismo/a. Muchas veces los padres cuidamos y estamos pendientes de los demás, olvidándonos de nosotros mismos, o bien pensamos que no tenemos que dedicarnos a nosotros. Es difícil ser un padre efectivo si no tenemos tiempo para nosotros. Es importante que, como padre, modeles en tus hijos el autocuidado. Te están mirando y aprenden de lo que ven: si te cuidas, ellos valorarán cuidarse y respetarán que te cuides.

Como regalo, a continuación, te dejo el *link* al mantra que puedes tener contigo cerca para no perder tu centro y recuperar tu energía: https://infanciaenpositivo.com/wp-content/uploads/2018/11/Mantra-DP.pdf.

Te pido una última cosa antes de acabar este libro: escribe qué pequeña cosa vas a implementar desde ya en tu vida para mejorar tu autocuidado…

MI PLAN
Mi mantra: «Yo me quiero, yo me cuido».
Agradecimiento: «Gracias por haber llegado hasta aquí y haberme dedicado lo más valioso y que no tiene precio: tu tiempo».

«Conocimiento es saberlo y sabiduría es aplicarlo».
(Mónica Galán Bravo)

Bibliografía

FAULKNER, Wiliam. *Las palmeras salvajes*. EE. UU.: Edhasa, 2007.

GARCÍA, Camino. *Para siempre*. Madrid: La fábrica de los libros, 2017.

GINOTT, Haim G. *Entre padres e hijos*. Barcelona: Ediciones Medici, 2005.

GUILLÉN, Jesús C. «Los cuatro pilares del bienestar: trasformando mentes para transformar la educación». Escuela con cerebro: https://escuelaconcerebro.wordpress.com/2020/09/16/los-cuatro-pilares-del-bienestar-transformando-mentes-para-transformar-la-educacion/ (27 de febrero de 2020).

IBARROLA, Begoña. *Cuentos para el adiós*. Madrid: SM, 2006.

—. *Cuentos para sentir: educar las emociones*. Madrid: SM, 2003.

JOVÉ, Rosa. *Ni rabietas ni conflictos*. Barcelona: La esfera de los libros, 2011.

KOHN, Alfie. *El mito de los deberes*. Barcelona: Kaleida Forma, 2013.

LLENAS, Ana. *El monstruo de colores*. Barcelona: Flamboyant, 2012.

McBRATNEY, Sam. *Todos sois mis favoritos*. Madrid: Kokinos, 2019.

MOLINA, Elisa. *Educar en Calma*. Madrid, 2020.

MORATÓ, Anna. *Al otro lado*. Madrid: Beascoa, 2020.

—. *De mayor quiero ser feliz*. Barcelona: Penguin Randon House, 2018.

NELSEN, Jane. *Disciplina Positiva*. México: Ediciones Ruz, 2001.

PENN, Audrey. *Un beso en mi mano*. EE. UU.: Tanglewood Press, 1993.

ROVIRA, Alex. «La economía de caricias», https://www.alexrovira.com/soluciones/articulo/la-economia-de-caricias (último acceso: 11 de abril de 2020).

SELIGMAN, Martin. *Aprenda optimismo. Haga de la vida una experiencia maravillosa*. Madrid: Debolsillo, 1998.

SHAKED, Anabella. *Anabella*, https://www.anabella.co.il/es/ (último acceso: 10 de mayo de 2020).

SIEGEL, Daniel. *El cerebro afirmativo del niño.* Madrid: Bergara Ediciones, 2018.

SIEGEL, Daniel y PAYNE BRYSON, Tina. *El cerebro del niño.* Madrid: Alba Editorial, 2012.

TIRADO, Miriam. *Tengo un volcán.* Barcelona: Carambuco, 2018.

VALCÁRCEL, Rafael y NUÑEZ, Cristina. *Emocionario.* Madrid: Palabras Aladas, 2013.

Glosario

A

Adolescente
  Adolescencia · 11, 14, 17, 80-83, 88, 91, 113, 163, 164, 170, 176, 178, 193, 196, 218.
Alimentación
  Problemas con la comida · 75-77.
Amigo
  Amistad · 85, 88, 92, 181.
Autocontrol · 34, 66, 178, 209-210, 218.
Autocuidado · 48, 209, 213, 215-218.
Autoestima · 14, 29, 32, 35, 93-96, 207.

B

Baño
  Hora del baño · 99, 100-101.

C

Cerebro · 24-27, 36, 41-49, 58, 66-67, 81-82, 85-86, 100, 140, 165-170, 178, 185, 187-188, 194.

D

Deberes · 123-128.
Dientes
  Lavarse los · 117, 120-121.
Dormir · 85, 106, 111, 117, 119-120, 128, 175-178, 192-197, 213, 216.

E

Emociones · 14, 26, 35-38, 41-47, 66-69, 83, 129-133, 140, 158, 169, 210.
Esfínteres
  Control de · 111-114.

I

Insultos
  Palabrotas · 139-142.

L

Llanto
  Lloriqueos · 136, 145, 148, 181.

M

Mentiras
  Mentir · 151-152, 154-156.
Miedos
  Pesadillas · 196.

N

Nuevas tecnologías · 173-174, 178.

R

Rabietas · 18, 36, 78, 172, 186-190.
Rivalidad entre hermanos · 103, 107, 181, 183.

T

Tareas del hogar · 198, 204.